Die Schrift

in ihrer

Bedeutung nach preußischem Rechte,

mit Rücksicht

auf das römische und gemeine, das österreichische und französische Recht.

Von

C. G. L. Meyer,
Königlicher Ober-Tribunals-Rath.

Hominum commenta delet dies.

Berlin,
Verlag von Veit u. Comp.
1855.

Einleitung.

Der Wille des Menschen muß, wenn er nach Aussen Wirkung haben soll, sich verkörpern, äußern; die Willens-Aeußerung kann eine ausdrückliche oder eine stillschweigende sein, d. h. der Wille spricht sich entweder in Worten oder in Handlungen aus, wozu auch Unterlassungen unter Umständen gehören, die eine Einwilligung erkennbar machen. Diese Handlungen können eben so deutlich, wie Worte, den Willen zu erkennen geben, ja sie können wahrere Ausdrücke des letzteren sein, als Worte, welche gar leicht den Sinn verhüllen, wohl gar absichtlich der wahren Willensmeinung nicht entsprechen; sie sind nämlich in der Regel naturgemäßere, gewissermaßen instinktuellere Aeußerungen des Willens, als die nicht immer als reiner Ausfluß des Willens sich gebende Rede. Allein die Handlungen und Unterlassungen und das Stillschweigen sind auch nicht immer deutliche, gewisse, bestimmte Zeichen und Ausdrücke des Willens, weil sie nicht selten mehrfacher Deutung unterliegen, oder überhaupt keinen zuverlässigen, weil zu allgemeinen, Inhalt haben. Grund genug, daß die Sitte und das Gesetz ihnen eine bestimmte Deutung geben, und sie dadurch ein bestimmtes Gepräge erhalten. Indeß kann und darf die Gesetzgebung der individuellen Freiheit nur in seltenen Fällen enge Grenzen ziehen, und durch sanktionirte Vermuthungen und Fiktionen den Handlungen und Unterlassungen einen bestimmten Sinn beilegen. Der regelmäßige und sicherere Dollmetscher des Einzelwillens ist die eigene Rede. Die Sprache ist das naturgemäße Kleid des Gedankens, die Form der Willensthätigkeit.

Die menschliche Rede entbehrt aber an sich des Charakters der Dauerbarkeit, der Stetigkeit, sie ist, wie der Ton überhaupt, etwas Vorübergehendes. Es liegt nun in dem Bedürfniß der menschlichen Gesellschaft, zumal im Staate, daß für Mit- und Nachwelt die Gedanken befestigt, sie Behufs der Erinnerung, des lebendigen Wiederhervorrufens sowohl für den Wollenden, als für Andere, fixirt werden. Dies geschieht durch die Schrift. Diese ist also nur eine Form der Rede, welche ihr Dauerbarkeit und Erkennbarkeit für die, welche sie nicht hören, gewährt. Es liegt aber auch in ihr noch der andere Vorzug, daß sie einer größeren Ueberlegung und Ruhe der Entschließung Raum giebt, als die flüchtige Erscheinung des mündlichen Worts. Mit Recht hat daher auch Sitte und Gesetzgebung den Werth der Schrift anerkannt, und dieselbe bevorzugt. Denn was namentlich rechtliche Beziehungen und Verhältnisse anlangt, das Unterwerfen einer Persönlichkeit unter eine andere, gleich oder höher stehende, so ist die Sicherheit und Gewißheit des Gewollten ein unbedingtes Erforderniß für richterlichen Schutz, für das Bedürfniß des Einzelnen, wie des Staats, und zwar um so mehr, je wichtiger diese Verhältnisse und Beziehungen sind, und je weiter ihre Folgen in die Zukunft eingreifen. Der Gesetzgeber, die Obrigkeit, wird daher auch in allen Fällen, die nicht untergeordneter Art sind, zum Ausdruck seines Willens sich der Schrift bedienen, er wird auch, wo das Interesse der einzelnen Individuen oder das allgemeine Wohl es erfordert, schriftliche Erklärungen fordern, und an dieselben das Entstehen, die Veränderung und das Erlöschen der Rechtsverhältnisse knüpfen. Das Gesetz kann dies auf verschiedene Weise anordnen, indem es nämlich die Schrift als wesentliche Bedingung der Gültigkeit überhaupt, oder der Klagbarkeit, der richterlichen Anerkennung, aufstellt, oder ihr nur den Vorzug als Beweismittel gewährt, Vortheile und Nachtheile an ihren Gebrauch oder dessen Unterlassung knüpft, oder gar sie nur als räthlich empfieht, aller Zwangsvorschrift sich enthält.

Eben so können die einzelnen Individuen willkürlich bestimmen, daß ihr rechtlicher Wille nur dann als bindend gelten soll, wenn derselbe eine schriftliche Form gewonnen hat. Die mündliche Rede wird in diesem Falle zwar ein Ausdruck des Willens, aber kein bindender sein, sie ist dann nicht geeignet, rechtliche Folgerungen daraus herzuleiten. Sie hat eben nur die Bedeutung eines thatsächlichen Moments, das aber nicht ausreicht, rechtliche Verhältnisse zu gestalten. Ein solches Gestalten ist nur dann möglich, wenn der Wille nicht blos erkennbar, sondern er auch dahin gerichtet ist, die Persönlichkeit zu verpflichten, in rechtliche Verhältnisse zu treten, wenn er nicht blos Absicht bleibt, sondern zur rechtlichen That wird. Ohne bestimmte Thatäußerung ist ein rechtlicher Wille nicht vorhanden. Einen solchen Rechtsakt enthält die mündliche Rede nur dann, wenn weder der Wille der Einzelnen, noch das Gesetz, derselben diesen Charakter entzogen hat. Es ist eine Frage der Rechtspolitik, die Grenzen für den Gesetzgeber zu bestimmen, innerhalb welcher die mündliche Rede jenes Charakters entkleidet und die Schrift zur nothwendigen Zwangsform erhoben werden soll.

Die Schrift ist nämlich allerdings zunächst nur eine Form, eine Qualifikation der mündlichen Rede, eine Aufzeichnung derselben. Sie ist daher der Sache nach nicht ein Theil der Substanz, des Wesens. Dieses liegt vielmehr in dem

Willen des Menschen. Sie ist daher wie jede Form nur von untergeordneter Bedeutung. Denn wenn gleich jede Substanz der Form nicht entrathen kann, und diese daher die nothwendige Ergänzung und Manifestation derselben ist, so daß es keine Substanz giebt, welche nicht in irgend einer Form gegeben wäre, so ist doch soviel unzweifelhaft, daß die Form ohne Substanz keine Bedeutung hat, weil sie eben nur das Wie derselben ist, daß aber die Substanz, wie der Geist, an sich eine ideelle Natur hat, welche der Form nur Behufs der Erscheinung bedarf, daß sie mit einem Worte, das Vorherrschende, das Leben der Form ist. Einerseits ist daher zwar die Form für die Erscheinung allerdings nothwendig, und auch wesentlich, und sie kann daher nicht mit Gleichgültigkeit behandelt werden, sie bedarf der Regelung und Bestimmung, eben so wie der Wille, die Substanz, wenn auch nach anderen Bestimmungen, in anderer Weise und zu anderem Zweck.

Andererseits darf aber doch die Form nicht zur Hauptsache gemacht werden, es darf nicht das Hauptgewicht darauf gelegt werden. Je einfacher, bestimmter, anschaulicher die Formen des menschlichen Willens sind, je vorzüglicher werden sie für den Gebrauch und die Erkennbarkeit sein. Sie richten sich aber nach dem Gang der Entwickelung der Menschheit, ihrer Kultur und Lebensbedürfnisse. Darum werden symbolische Handlungen, bestimmte Redeformeln einfacheren Lebensbeziehungen entsprechen, einem mehr natürlichen Familien- und Volksleben. Bei künstlicherer, geistigerer Gestaltung der Lebensverhältnisse werden aber andere Formen an die Stelle treten müssen. Es seien dies nun in den geeigneten Fällen solenne Formen, welche unter öffentlicher, obrigkeitlicher Autorität auftreten, welche aber, wo nicht ein Gesammtleben der Gemeinde Statt hat, oder die Nähe der Verhältnisse sie leicht ausführbar machen, nicht selten zur beengenden Fessel werden können, oder es sei dies der der Autonomie mehr oder weniger überlassene Gebrauch der Schrift. Die Schrift ist als solche regelmäßig hier nur eine Urkunde, ein Zeugniß, ein Beweismittel. Als solches steht sie der Natur der Sache nach in dem Belieben, der Willkür des Individuums. Es kann sich den Beweis durch die Schrift besser sichern wollen, als durch Zeugen und Eidesbeweis, obwohl in Wahrheit aller und jeder Beweis zuletzt auf den Eid und die Wahrheitsliebe des Erklärenden zurückführt, sei es der verhandelnden Partheien, oder der Zeugen und Sachverständigen. Dies gilt daher auch von dem Beweis durch Urkunden, insofern es nicht öffentliche sind, welchen als solchen die Beweiskraft, mit Ausschluß des Gegenbeweises, verliehen ist. Findet der Gesetzgeber aber es für angemessen, die Autonomie der Staatsgenossen zu beschränken, hält er es für nothwendig, daß gewisse, unumstößliche, nicht der Redlichkeit und Wahrheitsliebe der Individuen anheimgegebene Normen der Willensäußerung geschaffen werden, so wird er allerdings den Gebrauch öffentlicher Urkunden gebieterisch anordnen müssen, z. B. bei Testamenten u. s. f. Privaturkunden wird er alsdann als unzulässig ausschließen müssen, er wird dann aber auch den Gegenbeweis nicht gestatten dürfen, falls die gesetzliche Form erfüllt ist. Es sind dies aber die seltneren Fälle. In der Regel wird der Gesetzgeber, will er nicht seine Thätigkeit im Uebermaaß vormundschaftlicher, meist übel angebrachter und unberechtigter Sorge zur schädlichen Last werden lassen, solenne Formen der rechtlichen Willenserklärungen nicht als essentiell kategorisch vorschreiben.

Bei gewissen rechtlichen Geschäften bringt es das Bedürfniß mit sich, daß ein stärkeres Gewicht auf die Form gelegt wird, z. B. die literar. obligatio, der Wechsel u. s. w., so daß hier die Schrift an der rechten Stelle ist, und als etwas Wesentliches erscheint. Von diesen Geschäften aber abgesehen, ist der Gebrauch der Schrift in das Belieben der Individuen gestellt, sie ist nicht essentiell, ein bloßes Beweismittel. Ihr werden andere Beweismittel zur Seite oder entgegentreten können. Dies ist der einfache, naturgemäße Gang der Entwickelung. In der That würde es auffallend sein, wenn obwohl einerseits die wichtigsten Rechtsverhältnisse ohne Wort und Schrift, durch Handlungen, z. B. in der Lehre vom Besitz und der Verjährung, begründet werden können, und andererseits die Schrift blos als solche keine größere Bürgschaft für Wahrheit, Ernstlichkeit und Gewißheit des Willens gewährt, als die mündliche Rede, der Schrift demnach eine Bedeutung vindicirt würde, welche den Willen der Individuen keineswegs entspricht und dem Buchstaben den Sieg über den Geist gewähren würde. So wie die Fiktion, der Schein, der Wahrheit weichen muß, so auch die Rede, die Schrift, wenn sie ein unpassender, unwahrer, unrichtiger, undeutlicher, unvollständiger Ausdruck des Willens ist.

Der Gesetzgeber eines Staats kann in der Werthschätzung der Form von beiden Seiten ausschreiten. Er kann nach dem Grundsatz: la forme emporte le fond, die Form zum Wesen stempeln und die Rechtssphäre der Individuen einengen, ihre Thätigkeit lähmen und hemmen, er kann mit zu großer Sorglosigkeit alle und jede Rechtsverhältnisse, selbst solche, in denen die öffentlichen Interessen eine stetige und feste Form verlangen, der autonomischen Willkür zum großen Nachtheil des Ganzen, wie der Glieder, überlassen. Es wird daher immer ein vernünftiges Maaß beobachtet werden müssen, welches beiden Seiten, der öffentlichen und der Willensthätigkeit der Einzelnen, ihr Recht gewährt. So wird ohne Zweifel die Nothwendigkeit geordneter Staatsverhältnisse es bedingen, daß der Uebergang und die Belastung des Grund-Eigenthums, von welchen namentlich die Besteuerung und andere öffentliche Verhältnisse abhängen, fest und allgemein erkennbar normirt werden; die Nothwendigkeit bestimmter öffentlicher, solenner Formen ist hier geboten, neben denen freilich der Erwerb durch Verjährung, die Klagbarkeit, unförmlicher, schriftlicher Verträge, letztere sogar als unberechtigte Ausnahme, erscheinen. So wird die solenne Form der Vergabungen von Todeswegen um so gerechtfertigter sein, als die Folgen derselben in die unbestimmte Zukunft und das Wohl nicht vertretener Individuen eingreifen, zu einer Zeit, in welcher der Erklärende seinen Willen nicht mehr zu erkennen geben kann; wo die mündliche Rede meist ein unsicherer und gefährlicher Dollmetscher des Willens ist, und der Mangel solenner Form der Erbschleicherei, der Chikane, den Eingang öffnet. Rechtsverhältnisse, welche den Status anlangen, Ehe, Kindschaft, Vormundschaft u. s. w., werden gleichmäßig die Nothwendigkeit öffentlicher Formen hervortreten lassen. So werden öffentliche Rechtsverhältnisse, das Erb-, Familien-Recht und der Grundbesitz hauptsächlich den Kreis bilden, in welchem eine stärkere Staats-Kontrolle berechtigt erscheint. Nicht so das Obligations- und das Sachenrecht, welches sich nicht auf Grundbesitz bezieht. Andere Gründe können den Staat bestimmen, gewissen Persönlichkeiten helfend zur Seite zu treten, um ihnen vor den Nachtheilen der Uebereilung, Unkunde, Ueberlistung einigen, freilich nicht ausreichenden Schutz zu gewähren; also denen zunächst, welchen die Schreibkunde mangelt, sodann solchen Personen, welche zwar nicht unter Vormundschaft stehen, doch aber eine gewisse Berücksichtigung bedürfen, also z. B. Landleute, Soldaten, vor allem die Frauen und zwar um so mehr, wenn die Gesetzgebung aus guten Gründen die Wiedereinsetzung in den vorigen Stand, deren Nachtheile gewiß die möglichen Vortheile überbieten, nicht kennt. —

Allein diese Rücksichten und Beziehungen berühren die Frage nicht, ob und wie weit es zweckmäßig sei, die Schrift zur nothwendigen wesentlichen Zwangsform zu erheben. Diese ist und bleibt, wie gesagt, an sich nichts anderes, als eine sichtbar gemachte mündliche Darstellung, welche, ohne öffentliche Beglaubigung, also für sich betrachtet, keineswegs mehr Beweiskraft vor dem Richter hat, als eine vollständig konstatirte mündliche Rede, und die immer nur zur Bewahrung und Erleichterung des Beweises dient. Es ist nun zwar bekannt, welche Schwierigkeiten dem Zeugenbeweis besonders nach Ablauf längerer Zeit, naturgemäß entgegenstehen, da hier außer dem Faktor der bösen Absicht, des Willens, auch der der geschwächten und mangelnden Auffassungsfähigkeit, des Verständnisses, der Erinnerungskraft konkurrirt, abgesehen von den Widersprüchen mehrfacher Zeugen und der ungelöseten Frage, wieviel Zeugnisse, ihre absolute und relative Beweisfähigkeit vorausgesetzt, zum vollen Beweise gehören, ob es also zweier Zeugen bedarf, und warum nur zweier? Nicht minder ist gewiß, daß der Eid als ultima ratio rerum ein gefährliches und möglichst zu vermeidendes Beweismittel ist.

Doch werden beide Beweismittel, Zeugen und Eid, nicht durch die Schrift ausgeschlossen. Die Diffession der Urkunden, falls nicht das trügerische Beweismittel der comparatio literarum, dessen Bedeutung das Preuß. Recht auffallender Weise im Civil- und im Kriminal-Proceß verschieden behandelt hat, gebraucht wird, welches übrigens wiederum den Eid der Sachverständigen voraussetzt; die Einwendungen der Willensunfreiheit, durch Zwang, Furcht u. s. f., der Einwand des Irrthums, der Simulation, des Betrugs und der Fälschung und selbst die Interpretation der Urkunden führen zu jenen Beweismitteln zurück. Die Schrift schließt sie nicht aus, und sie ist daher nicht mehr als ein Beweismittel problematischer Bedeutung. Gleichwohl wird sie häufig unter Leuten, die in gutem Glauben handeln, welche aber auch den mündlichen, ihnen bekannten oder dargelegten Willen als bindend anerkennen, nützlich sein, sie wird der

Arglist entgegenstehen können, sie wird dem Richter, wie dem Publikum Klarheit, Einsicht und Sicherheit verschaffen und es wird ihr also ein gewisser Werth nicht abgesprochen werden können, nur darf man sich nicht schmeicheln, in ihr einen untrüglichen Führer gefunden zu haben, da die Erfahrung zeigt, wie wenige Menschen im Stande sind, ihre Gedanken und Entschlüsse richtig zu präcisiren und anschaulich niederzuschreiben, wie Lücken und Unvollständigkeiten hervortreten, ja Zweideutigkeiten, und Widersprüche, die selbst durch Interpretation nicht immer richtig gelöset werden, und wie gar oft der Klügere und Gewandtere die Schrift nur als eine gefährliche Schlinge gebraucht, zumal gegen den, welcher der Rede und Schrift nur mangelhaft oder gar nur bis zur Unterzeichnung von Namen und Charakter mächtig ist. Wie oft kann der Ungebildete zwar Gedrucktes, Geschriebenes aber nur mangelhaft und schlecht lesen, wie oft wird die Schreibenskunde und das Verständniß aus Schamgefühl, Vertrauen in die Redlichkeit des Schriftabfassers, Einfalt oder Sorglosigkeit, behauptet, oder stillschweigend zugegeben, zumal auch die Schreibens- und Lesenskunde mit der Zeit bei unterbliebener Uebung verloren geht, oder doch mannigfach verringert wird. Nimmt man hinzu, wie schwer der Einwand der Schreibens- und Lesensunkunde zu begründen, wie häufig derselbe aber auch aus Chikane grundlos aufgestellt wird, wie trüglich auch hier gesetzliche Vermuthungen sind, so wird man nicht bezweifeln können, daß auch die schriftliche Privaturkunde ein unsicheres und schwaches Beweismittel ist.

Will man nun dennoch der Schrift, ohne weitere höhere Sanktion, eine größere Bedeutung beilegen, sie aus einem Beweismittel zu einer wesentlichen Form erheben, die mehr oder minder die Rechtsgültigkeit oder Klagbarkeit begründen oder erhalten soll, so nimmt man einerseits anderen Beweismitteln, insbesondere dem Zeugenbeweis, seine Geltung, der doch keineswegs immer und überall schlechter ist, ohne doch diese Beweismittel subsidiär z. B. bei dem Verlust, der Mangelhaftigkeit, Unvollständigkeit, Undeutlichkeit der Urkunde entbehren zu können, andererseits verletzt man das natürlichste und einfachste Rechtsgefühl, den guten Glauben, das schlichte Vertrauen, und öffnet der Bosheit Thür und Thor, ja man greift auf unberechtigte Weise in die privatesten und fremden Einflüssen am wenigsten zugänglichsten Verhältnisse des Lebens und des bürgerlichen Verkehrs ein. Von der Beobachtung der todten Form wird das Leben der Wahrheit abhängig gemacht.

Die verschiedenen Gesetzgebungen und Rechtssysteme, von denen nächst dem des Vaterlandes, das Römische, germanische und gemeinrechtliche, das österreichische, und französische Recht wenigstens im Allgemeinen ins Auge gefaßt werden sollen, haben die Schwierigkeit der Lösung der auch in anderen als der rechtlichen Sphäre so gewichtigen Frage, ob Schrift, ob Geist? auf verschiedenem Wege zu lösen gesucht.

Sie haben entweder die Schrift gar nicht für nothwendige Bedingung der Rechtsgeschäfte erklärt und nur als Beweismittel beachtet, freilich mit einzelnen Ausnahmen, oder sie haben derselben eine höhere Bedeutung dadurch gegeben, daß sie dieselbe als ein bevorzugtes Beweismittel anerkennen, oder sie haben dieselbe zur wesentlichen Form, wenn auch nicht für alle Fälle erhoben. Es wird sich nach Betrachtung des Details der einzelnen Rechtssysteme, insbesondere des Preuß. Rechts von selbst ergeben, welcher Weg der richtigere und praktische sei. Im Voraus kann die Ansicht ausgesprochen werden, daß die Gesetzgebung ihr Ziel verfehlt, wenn sie die Schrift in der Regel als wesentliche Form kategorisch vorschreibt.

Die praktische Bedeutung der gegenwärtigen Untersuchung wird Niemand läugnen, welcher durch die Erfahrung belehrt ist, wie zahlreiche Rechtsstreitigkeiten lediglich dadurch veranlaßt worden, daß die Nothwendigkeit der schriftlichen Form der Rechtsgeschäfte in Frage gestellt wird, der die große Verschiedenheit in der richterlichen Anschauung kennen gelernt hat, und wie einerseits sich der böse Wille hinter der Form versteckt, andererseits das richterliche Amt sich gedrungen fühlt, nicht immer in Einklang mit der Gesetzgebung die Nothwendigkeit schriftlicher Form zu läugnen, ja das System der Gesetzgebung, bewußt oder unbewußt, zu verlassen, oder anders aufzufassen, als der Gesetzgeber beabsichtigt, wie nothwendig es daher ist, einmal im Allgemeinen und im Detail die Bestimmungen des Preuß. Rechts festzustellen, um einige Sicherheit für die Anwendung zu erlangen, und andererseits im Interesse der Legislation zu prüfen, ob das System des Preuß. Gesetzes richtig und durchführbar sei. Dies ist der Zweck des vorliegenden Versuchs.

§. 1. Das Römische Recht.

Das Römische Recht erkennt, nach Abstreifung der symbolischen Formen, abgesehen von den bestimmten Formen der Stipulation und des Literalkontrakts, nur für einzelne Rechtsgeschäfte die Nothwendigkeit besonderer feierlicher Formen, namentlich unter Mitwirkung der Zeugen, Notare und Gerichte an.

Der Regel nach sind aber die Rechtsgeschäfte einer bestimmten Form nicht unterworfen. Namentlich ist eine schriftliche Form derselben nicht vorgeschrieben, vielmehr ist die Willkürlichkeit der Form die Regel des neuesten Rechts. Puchta Pand. §. 64. Vorlesungen 1. S. 164. Savigny Syst. B. 3. §. 1130. S. 237 ff. Sintenis Pand. 1. 156.

Den Römern ist die Schrift Beweismittel. So sagt Gajus de formula hypothecaria D. 22. 4. Fr. 4. de fide instrum.: „Fiunt enim de his scripturae ut, quod actum est, per eas facilius probari possit, et sine his autem valet, quod actum est, si habeat probationem, sicut et nuptiae sunt, licet testatio sine scriptis habita est," und Callistratus im Fr. 5. l. c.: „Si res gesta sine literarum quoque consignatione veritate factum suum praebeat, non ideo minus valebit, quod instrumentum nullum de ea intercessit"; endlich Paulus D. 44. 7. de oblig. et action.

F. 38.: „Non figura literarum sed oratione, quam exprimunt literae, obligamur, quatenus placuit, non minus valere, quod scriptura, quam quod vocibus lingua figuratis, significaretur.“

Dasselbe sprachen die Bestimmungen des Cod. Tit. 21. l. 4. const. 1. 5. 7. 8. 9. 10. 11. 12. 15. aus, während die const. 17. c. 63. J. 23. princ. de Inst. sich auf die von den Contrahenten zur Bedingung gestellte, die gewillkürte schriftliche Errichtung des Geschäfts beziehen. Damit stimmt nicht minder const. 5. de transact. (2, 4.), wo es heißt: scriptura, quae probationem rei gestae continere solet, necessaria non est, ferner l. 9. C. (4, 43.) de loc. et cond. l. 1. tit. 15. c. 5. C. de dote caut. et non numer. l. 17. de pactis (2, 3.), wo es heißt: pactum, quod bona fide interposita docebitur, etsi scriptura non existente, si aliis probationibus rei gestae veritas comprobari potest, praeses provinciae secundum jus custodiri efficiet.

Mit Recht sagt daher Westenberg §. 31. ad. t. D. de fid. instr.: Instrumenta enim ad substantiam negotiorum non pertinent, sed tantum ad fidem rei gestae, ut quod actum est per ea facilius probari possit.

Nur für die pacta dotalia der personae illustres ist Nov. 117. C. 4. u. 6. und für die Emphyteuse, besonders der kirchlichen Güter Nov. 120. C. 6. §. 2., die Schrift zum Wesen erhoben.

§. 2. Das germanische und gemeine Recht.

Das germanische Recht hat die Nothwendigkeit der Schrift, also das Essentielle derselben, eben so wenig im Allgemeinen anerkannt. Es stand in dem freien Willen der Contrahenten, ob sie ihre Verträge schriftlich errichten wollten. Runde Priv. R. §. 186. Eichhorn §. 91. Die Form bedingte in der Regel die verbindende Kraft, die Wirksamkeit der Verträge nicht, selbstredend den Wechsel, die Assekuranz und ähnliche Geschäfte ausgeschlossen.

Es sind allerdings Formen im Interesse der Rechtssicherheit angewendet worden, um den Moment mit Gewißheit zu bestimmen, in welchem die getrennten Einzelnwillen in bindendem Konsens zusammentreffen, und um für den Beweis des zu Stand gekommenen Geschäftes zu sorgen (Beseler P. R. II. 286.); allein der Gebrauch derselben unterlag in der Regel der Willkür der Contrahenten. Nur bei einzelnen Verträgen, wie schon erwähnt, trat eine Ausnahme ein, bei solchen nämlich, wo das Rechtsverhältniß selbst durch die Urkunde bedingt wurde, so beim Wechsel. Im Allgemeinen aber ist, abgesehen von besonderem Formalismus der Particulargesetze, die Schrift nur ein Beweismittel (S. 302 das.). Jedes formlose Versprechen war klagbar, es konnte aber der Verpflichtete seine Verpflichtung eidlich ablehnen (Sachsenspiegel 1. 18. §. 2.). Zur Sicherung des Beweises ist dann die gerichtliche Form der Verträge, Urkunden u. s. w. gebraucht worden, und so sind deutsch-formelle Verträge entstanden, bei denen der Zweck der Form die Sicherstellung des Beweises ist, im Gegensatz zu den römischformellen, bei welchen die Form, der eigentliche Grund des obligatorischen Verhältnisses ausmacht. Die Röm. Formen der Real-, Verbal- und Literalkontrakte sind in Deutschland nicht recipirt worden, wohl aber ist das zu Grund liegende Princip thätig geblieben; besonders wirksam sind hier l. c. 7. C. d. fid. instrum. und das Beispiel des emphyteutischen Vortrags gewesen (Maurenbrecher D. R. §. 311.). Wo die Form nicht solennitatis, sondern probationis causa vorgeschrieben ist, ist die Gültigkeit und Klagbarkeit des Geschäfts nicht an jene Form gebunden, während im ersteren Falle die Nichtbeachtung der Form die Nichtigkeit des Geschäfts in der Regel herbeiführen muß.

Sitte und Herkommen hatten allerdings, um den Verträgen volle Sicherheit zu geben und die Ernstlichkeit der Verabredung zu zeigen, die Anwendung gewisser Formen, namentlich auch der Schrift, eingeführt (Mittermayer §. 271.), allein es siegte der Grundsatz, daß jeder Vertrag auf jede beliebige Weise bewiesen werden konnte. Die nicht selten gefühlten Nachtheile der Ansicht, daß jeder formlose auch mündlich geschlossene Vertrag klagbar sein solle, und das System der Bevormundung in der Gesetzgebung mancher Länder bewirkte allerdings, daß nach Particulargesetzen schriftliche Errichtung verlangt wurde. Gemeinrechtlich gehört aber zur Gültigkeit des Vertrags die schriftliche Errichtung nicht. Wo dies der Fall ist, da ist entweder Nichtigkeit die Folge oder nach dem Muster des franz. Rechts bei gewissen Summen der Zeugenbeweis ausgeschlossen worden (Mittermayer §. 278.). Dasselbe lehrt Gerber (§. 158.), welcher gut bemerkt, daß Gründe der Zweckmäßigkeit und Rücksichten auf das Eigenthümliche mancher Vertragsarten, die Veranlassung gewesen, daß neuere Gesetzgebungen die Gültigkeit oder Klagbarkeit einzelner Verträge von dem Vorhandensein einer schriftlichen Aufzeichnung derselben abhängig gemacht haben. Es dürfe darin kein Zurückgehen auf den formellen Standpunkt des

Röm. Rechts erkannt werden, sondern eine rein äußerliche Erschwerung der Perfection der Vertrags aus wesentlich unjuristischen Beweggründen, z. B. Cod. Bav. Max. 1. 6. §. 29. III. 1. §. 103. Oest. Ges. B. A. §. 36., 123., 9. A. L. R. I. 5. 131—171.

So ist denn auch gemeinrechtlich bis auf den heutigen Tag die Regel unangefochten, daß die schriftliche Form der Urkunden nur zur Erleichterung des Beweises dient.

cf. auch Walther's deutsch. Recht §. 253. Hellfeld's Pand. §. 344.

---

§. 3. Das österreichische Gesetzbuch.

Bei der Theorie des gemeinen Rechts ist das österreichische Gesetzbuch stehen geblieben. Es ist ihm die Schrift in der Regel nur ein Zeugniß, ein Beweis. Abstrahirt man von seinen Bestimmungen über solenne Verträge, wobei gerichtliche Mitwirkung nöthig ist, z. B. §. 181. 186. Thl. I., 321. 350. 428. 431. Thl. II. d. Ges. B., so ist abgesehen von der Uebergabe, und der Erwerbung von Immobilien §. 434. 1070. 1073. 1126. wo Behufs der Intabulation (Einverleibung in die öffentlichen Register und Bücher) eine schriftliche Urkunde nöthig ist (§. 434.) von der zur Erleichterung des Beweises beim usufructus vorgeschriebene Beschreibung (§. 518.), bei Fideikommissen (§. 627. 634. 635. 644.), Erbschaftsergreifung und Erbtheilungen (§. 797. 806. 819. 846.), selbst bei letztwilligen Erklärungen eine mündliche Errichtung vor 3 Zeugen zulässig (§. 585. 717. 719.), die Schrift also nicht unbedingt geboten; vielmehr ist jede Willenserklärung und auch der Consens bei dem Vertrage an keine bestimmte Form gebunden (§. 869. 872. in specie sagt §. 883.).

Ein Vertrag kann mündlich oder schriftlich vor Gericht oder außerhalb desselben mit oder ohne Zeugen errichtet werden. Diese Verschiedenheit der Form macht, außer den in den Gesetzen bestimmten Fällen, in Ansehung der Verbindlichkeit keinen Unterschied.

Eine Ausnahme macht der Schenkungsvertrag, der ohne wirkliche Uebergabe geschlossen ist (§. 943.) und die Schenkung auf den Todesfall (§. 956.), die Erwerbgesellschaft im Fall des §. 1178., der kaufmänn. Societätsvertrag (§. 1179. 1214.), Erbverträge unter Eheleuten (§. 1249.), Bodmerei, See-Assekuranz, Wechsel und kaufm. Assignation. Der Schuldschein beim Darlehnsvertrag dient nur zum Beweis (§. 1001.), eben so die Quittung (§. 1426.). Das Mandat ist im Allgem. mündlich gültig (§. 1005. 1029.) mit der Maaßgabe des §. 1008., dem Nachweis der Legitimation den Dritten gegenüber (§. 1017.) und bei Fuhrleuten (1031). Eben so bei societas, depositum, commodatum, beim Tausch- und Kaufvertrag (1054.), Miethe und Pacht, Bestandsvertrag (§. 1092. 1095. 1102.), Erbpacht, Erbzins, der Superficies (§. 1122. sq.), dem Nutzungseigenthum (§. 1145.) §. 1126. steht dem nicht entgegen; dem Lohnvertrag (§. 1152. sq.), Verlagsvertrag (§. 1165.), den Ehepakten (§. 1217. ff.), Glücksverträgen (§. 1267. sq.), nicht anders verhält es sich beim Erbschaftskauf, der Leibrente, dem Versicherungsvertrag, der Befestigung, Expromission, Bürgschaft, Pfandvertrag über Mobilien, der Novation, dem Vergleich, der Cession und Assignation.

In der Regel ist nur bei unbeweglichen Sachen Behufs

der Erlangung eines dinglichen Rechts gegen Dritte die Einverleibung in öffentliche Bücher nöthig (§§. 321. 322. 431—443. 445. 446. 1498—1503.), so bei den Servituten und Lasten, z. B. 1138., der Miethe und Pacht (1120.), dem Vor= und Wiederkaufsrecht (§§. 1070. und 1073.), dem Hypothek= und Pfandrecht (§. 451.), der Pfand= und Pfandbuchsverschreibung (1368.), der Gütergemeinschaft (§. 1236.), dem Advitalitätsrecht (§. 1256.).

---

§. 4. Das französische Recht.

Auch das französische Recht kennt für die ausdrücklichen Willenserklärungen solenne und nicht solenne Formen (cf. Zachariae I. 187. Ausg. v. 1853). So erfordern solenne Formen in der Regel die Akte des Civilstandes (die actes de naissance, mariage, notoriété, decès), die authentischen Akte (C. C. 34. 55. ff. 63. ff. 71. ff. 77. ff.), eben so die Wahl eines Domicils (A. 104. mit der Modifikation des A. 105.), die actes respectueux (A. 154.), les actes d'opposition au mariage, ferner die Ehescheidung mit gegenseitigem Consens (A. 280. 283. 285.), bei der paternité das désaveu (A. 318.), eben so die actes de reconnaissance (A. 334.), die Adoption (353. ff.), die tutelle officieuse (A. 363.) und das Anerkenntniß eines unehel. Kindes (Zach. III. 417.), die Familienrathsverhandlungen (A. 392. 398.), die Emancipation (477.). Die Ehe wird feierlich geschlossen. Den Beweis liefert der Trauungsakt und die Standesbücher

(A. 194. mit Ausnahme des A. 46.). Die Authorisation der Frau durch den Mann kann stillschweigend erfolgen, der Heirathsvertrag ist formell (A. 503. cf. Zach. III. 162. 248. 249. 273. 287.). Der Beweis der ehelichen Vermögensrechte kann Dritten gegenüber nur durch authentische Urkunden gesichert werden (A. 1502. 1504. C. de C. 557. sq. v. Zachariae ib. 269. 276. 288. 289.). Bei der Filiatio affirmativa ist nebst der Geburtsakte Zeugenbeweis statthaft (ib. 364.). Schriftlicher Vollmacht bedarf es zur Vertretung im Familienrath (Zachar. I. 238. Nr. 8.). So weit vom Familienrecht.

Im Sachenrecht dagegen ist eine authentische Form zur Gültigkeit der Willenserklärungen als Regel nicht vorgeschrieben, nicht einmal immer eine schriftliche (cf. A. 571.). Der titre, dessen die Art. 629. 686. 690. 691. 692. gedenken, bezeichnet nicht die Form, sondern die causa der Convention (cf. Zach. I. 425. 430.), allein die Privaturkunde überträgt Dritten gegenüber nicht das Eigenthum (A. 516.). Bei der Ergreifung des Besitzes, die Fortsetzung und dem Verlust selbst durch Dritte, gilt ein formloser Beweis. Dagegen muß rücksichtlich der Immobilien, um gegen Dritte Recht zu erlangen, die transcription oder radiation der titres (selbst nicht solenner) erfolgen (Zach. I. 510. 516. 555.), nicht aber bei Servituten (ib. II. S. 88). Das Versprechen einer Pfandbestellung erfolgt gültig durch Privaturkunden, die Bestellung selbst nur notariell, nicht aber die Abtretung derselben (ib. II. 114. Nr. 17. 20.). Die Inscription kann auf Grund von Privaturkunden erfolgen (ib. 134. Nr. 2.). Ein stillschweigender Verzicht auf hypothekarische Vorzugsrechte ist zulässig (S. 191 ib. A. 2140. 2180.). Die Unterbrechung der Verjährung kann durch stillschweigendes Anerkenntniß geschehen (S. 533. B. I. Z. Nr. 19. u. II. 326.).

Im Erbrecht sind theils blos ausdrückliche Willenserklärungen erfordert, ohne Beschränkung der Form, z. B. A. 761. 927.

Stillschweigende Erklärungen sind anderen Theils anerkannt (A. 778. cf. Zach. IV. 74. 79. 84. 443.). Dagegen bedürfen Erbschaftsentsagungen Dritten gegenüber authenth. Akte (Z. III. 84. A. 784.), desgleichen die Erklärungen des Antritts sub beneficio (A. 793. ff.), Schenkungen unter Lebenden mit Ausnahme der beweglichen Sachen außer den Forderungen (931. 932. 933. 939. Zach. IV. 179. 206. 209.), die testaments publiques (971.), die Ernennung eines testam. executor. (A. 1055. 1069.), Testam. Eröffnungen (1007. ff.), Befreiung vom Rapport (Zach. III. 149.), die gütliche Theilung ist auch mündlich gültig (Zach. IV. 115. Nr. 6.). Schriftliche Erklärung genügt beim test. olographe (A. 970.), nicht aber beim testam. mystique (A. 976.), bei den Dispositionen der A. 1048. ff., der divisio inter liberos (A. 1076.). Im Allgemeinen treten hier wie bei dem Personen- und Sachenrecht die solennen Formen überwiegend auf. Was das Obligationenrecht anlangt, so ist der Regel nach die solenne und schriftliche Form nicht vorgeschrieben. Solenne Form erfordern a) die Subrogation (A. 1250. Zach. II. 282.), b) die offres des payements et la consignation (A. 1258. 59. sq.), c) die contrats de mariage (1394. 1396.) und de séparation des biens (1444. 5. 1451. 1456. 1457.), d) das Pfand (A. 2074.) und die Convent. Hypothek (A. 2127. 2129. 2134.), e) die expropriation forçée (A. 2213.). Besondere Vortheile werden der solennen Form eingeräumt (A. 1743. 1750. 2106. 2134. 2212.).

Was insbesondere die Schrift anlangt, so ist vorweg zu erwähnen, daß sie für einzelne Verträge wesentlich erscheint, bei den andern nicht. Letzteres ist der Fall beim Kauf (Zach. II. 366. A. 1582.), Tausch (A. 1703.), Miethe (1714—16. 1736. Zach. II. 422—430.), mit der Modifikation des A. 1793., wonach die Schrift räthlich erscheint, eben so bei dem commodatum, mutuum, depositum (A. 1921.), der Leibrente (1968,), dem

Mandat (1985.), dem cautionnement (A. 2015.), der Societät (Zach. II. 459.) (Controverse über die Zulässigkeit des Zeugenbeweises), der Bürgschaft (541. ib.), dem Vergleich (530. ib. A. 2044. cf. Erk. des Ob. Trib. Entsch. III. 225.), dem Faustpfand (ib. 556. anders bei dem Vorzugsrecht A. 2102. Nr. 2.), der Antichrese (Z. B. II. 556. 561. von der Beweisfrage abgesehen A. 2085.). Wesentlich erscheint sie aber a) beim Zinsversprechen (A. 1907. Zach. II. 495.), b) im Handel-, Wechsel- und Seerecht, in welchem oft sogar noch solenne Formen hinzutreten (A. 2. 37. 40. 312. C. d. c.) cf. A. 39. 41. 53. 102. 110. sq. 187. 195. 218. 273. 281. sq. 283. 286. 297. 311. 312. 332. 412. 436., mit Ausschluß der gewöhnlichen Käufe A. 109. 250.

Die Regel des französischen Rechts bleibt aber die, daß die Gültigkeit der Willens-Erklärungen und Verträge nicht von der Form bedingt wird.

Die Schrift ist blos Beweismittel (Z. II. 244.) und ist als solches zu interpretiren, A. 1834. 2044., selbst bei verabredeter Schriftlichkeit (Zach. II. 341. ff.). Die mora kann so gar stillschweigend purificirt (ib. 248.), der Ort der Leistung stillschweigend festgestellt werden (ib. 276.), der Verzicht kann formlos geschehen mit Ausnahme des Art. 784., u. 1457., ebenso Erlaß, die Bestätigung der Schenkung durch die Erben oder Vollziehung (A. 1338. 1681.) Cf. Zach. B. II.

Jener allgemeine Grundsatz ist aber durch eine Modifikation alterirt, die principlos die Gültigkeit des Rechtsakts und den Beweis vor dem Richter durcheinander mischt. Es handelt sich von dem Art. 1315 ff. des Code, de la preuve des obligations et de celle du payement, den Beweisregeln (Zach. IV. 473.). Aus der Ordonnanz von 1566., A. 54. und der de Moulins von 1667 Tit. 20. A. 2. entnahm der Code, wie Thibaut sich ausdrückt, das auf dem Mißtrauen gegen menschliche Tugend beruhende, höchst wichtige Princip, daß in der Regel, Nothfälle abgerechnet, eine Verbindlichkeit, deren Objekt 150 Francs übersteigt, nicht durch Zeugen bewiesen werden könne. Ob nequitiam hominum sollen falsche Zeugen leicht zu erlangen und deshalb und zur Vermeidung dieses Uebelstandes und zur Abkürzung der Processe soll jene Beweisregel dienen (Zach. IV. 472.); deshalb sei der Zeugenbeweis beschränkt und nur ausnahmsweise sei er explicite oder folgerungsweise statthaft (A. 46. 194. 319. 931. 969. 1341. ꝛc.). Es mag dahin gestellt bleiben, ob solches Princip vor dem Richterstuhl der Logik und der abstrakten Gerechtigkeit gerechtfertigt sei, ein gründlicher Irrthum aber ist es, daß gegen jenen Uebelstand, wäre das Mißtrauen wirklich gerechtfertigt, ein richtiges Heilmittel gefunden, und ob nicht vielmehr das gerade Gegentheil im französischen Recht sanktionirt worden, jedenfalls ist es praktisch betrachtet, nicht konsequent durchgeführt. Denn das französische Recht hat, indem es die processualische Beweistheorie unsystematisch in die Lehren des materiellen Rechts hineinwirft (A. 1315 ff.), als Beweismittel nicht blos die commune rénommée (A. 1415. 1442.), zu schweigen von der destination du père de famille, der usage de lieux, sondern den unfaßbaren und willkürlichen Begriff der renseignements (A. 1335. 2165.) und das commencement d'épreuve par écrit (A. 323. 341. 1320. 1336. 1325. 1341. 1347.) aufgestellt.

Volle Beweiskraft legt der Code den actes authentiques bei, den actes sous seing privé nur bei geschehenem Anerkenntniß oder erfolgter Verifikation (C. d. proc. A. 193. sqq.) und unter den formellen Bedingungen der Art. 1325. sqq. d. C., wobei es wieder die Akten der marchands, artisans, laboureurs, vignerons, gens de journée et de service zum Theil ausnimmt, und gegen Dritte nur nach geschehener Einregistrirung, oder im Todesfall, oder Feststellung der Behörde, um ihnen ein gewisses Datum zu verschaffen. Neben dem commencement d'épreuve par écrit, worunter der Cod. versteht, jeden schriftlichen Akt, der von dem ausgegangen ist, gegen den ein Anspruch erhoben ist, oder der ihn vertritt und die behauptete Thatsache wahrscheinlich macht (A. 1347, neben dem Beweis durch tailles, und dem Eid (A. 1357. 1715. 1736. 1758. 1774.), schließt er, mit Vorbehalt der Bestimmungen des Handelsrechts (A. 41. 49. des Cod. d. c.); bei Summen oder Werthen über 150 Francs, selbst beim Depositum den Zeugenbeweis aus (Zach. II. 505.), ja gegen den Inhalt der Schrift, selbst unter 150 Francs, also schlechterdings. Bei der Pacht (A. 1715. gleichfalls ohne alle Summenbegrenzung unbedingt, obwohl dies controvers ist (cf. Zach. II. 422. 430.), ebenso beim Dienstvertrag (A. 1781. Zach. II. 445.).

Jeder Mangel wird gedeckt, durch confirmation, ratification oder exécution volontaire (A. 1338.), Schenkungen ausgenommen (A. 1339.). Mit großer Schärfe und bis zur Härte wird der Zeugenbeweis aber auch bei Obligationen unter 150 Francs gefordert, die zusammen geltend gemacht werden, wenn sie auch aus verschiedenen Zeiten herrühren und auf verschiedenen Gründen beruhen.

Beschränkt wird der Ausschluß des Zeugenbeweises aber a) beim commencement d'épreuve par écrit, b) wenn es nicht in der Macht des Gläubiger stand, sich den schriftlichen Beweis zu verschaffen, und dies gilt namentlich 1) bei Ansprüchen aus Quasikontrakten, Delikten und Quasidelikten. 2) Dem depositum necessarium und dem receptum. 3) Bei accidens imprévus ou l'on ne pourrait pas avoir fait des actes par écrit (A. 1950.; Zach. II. 448. 510.). 4) Bei zufälligem Verlust der Original-Titel. Daß durch diese Ausnahmen die Regel wesentlich beschränkt werde, daß sie Gelegenheit bieten, jene zu umgehen, braucht kaum angedeutet zu werden. Es ist aber auch

c) noch eine stärkere Ausnahme vorhanden, nämlich der des Dolus, der Simulation (cf. A. 1353. 1116. d. C.). Eine Ausnahme ist endlich d) zu Gunsten der Ehefrauen aufgestellt (A. 1415.).

Controversen bestehen übrigens nicht nur bei der Miethe und Pacht und dem Gesellschaftsvertrag, bei welchen Dritten gegenüber stillschweigende Verhaftung statt hat, (Zach. II. 470.) und bei dem Vergleich rücksichtlich der Frage, ob der Zeugenbeweis unbedingt oder nur über 150 Frcs. ausgeschlossen ist.

Gemildert wird die Regel des französischen Rechts (cf. A. 1341. 1793. 1834 sq. 1923. 1985. 2074.) durch die interrogationes in jure (C. d. Proc. A. 324. ff.), cf. Durant 13. 188.. Sirey 28., 254., dagegen gilt die Regel auch von Thatsachen, durch welche Rechte und Verbindlichkeiten, die Geld und Geldeswerth zum Gegenstand haben, also auch bei Zahlungen, nicht aber bei sonstiger Erfüllung und Erlaß (Zach. II. 477.), und dem Beweis der culpa (ib. 480.), wohl aber bei Klagen auf Schadensersatz ex contractu, abgesehen vom Handelsrecht (C. d. civ. A. 40. 41. 49. 109.), auch bei außergerichtlichem Geständniß (Zach. II. 493). Bei dem commencement d'épreuve par écrit, ist der discretionairen Gewalt der Gerichte Raum gegeben (Zach. II. 479.) und der Art. 1348 wird willkürlich gehandhabt (ib. S. 480.).

Betrachtet man nun im Ganzen das System des Code, und vergleicht noch die Vorschriften des Cod. d. Procédure, wonach die verification des écritures durch Zeugen zulässig ist (A. 195. 211. 232.) ebenso bei dem Beweis des falsi, daß eine saisie arrêt ou opposition auch ohne schriftlichen Titel zulässig ist (A. 558.), auch die saisie gagerie (A. 822.), außergerichtliche Theilungen unter majorennen Miteigenthümern und Erben formlos gültig sind (A. 985., C. d. Proc. 819. C.), ebenso der Verkauf des Mobiliar (A. 952. des C. d. P.), so kann man nicht umhin, der französischen Gesetzgebung den Vorwurf zu machen, daß sie 1) eine sehr künstliche und verwickelte Theorie aufstellt, welche durch die vielen Ausnahmen wesentlich modificirt wird und umgangen werden kann, daß 2) durch Zulassung der Eidesdelation (A. 1358.) über jeden Streitgegenstand, da das eigene Interesse stärkeren Anreiz zum Meineid hat, als die etwaige Belohnung des käuflichen Zeugen, jedenfalls das moralische Motiv fortfällt, welchem die Vertheidiger des Code so großes Gewicht beilegen, daß 3) eine konsequente Durchführung des Princips weder möglich ist, noch der vorgesetzte Zweck erreicht werden kann. 4) daß, da zugleich die Eidesdelation nur über persönliche Facta des Delaten zulässig ist, der Beweis auf eine ungehörige Weise beschränkt und abgeschnitten wird. Es ist endlich bekannt, zu welchen zahlreichen Fragen und Entscheidungen der Gerichte über die Bedeutung der A. 1341. ff. des Code dieselbe geführt haben (cf. Tesmar, Cod. S. 204.) und es ist daher nicht wohl einzusehen, warum Koch, Obl. R. II. 196., Arndt, R. Arch. I. 132. der französischen Zwitterinstitution, welche einen Mittelweg zwischen zwei Principien aufstellt, dem römischen und gemeinrechtlichen und dem preußischen, das Wort reden. Incidit in Scyllam, qui vult evitare Charybdin.

---

§. 5. Das Preußische Recht.

Das A. L. R. hat zum größten Theil seine Theorie aus den Edikten vom 13. Mai 1766 und 8. Febr. 1770 entnommen. Diese Theorie hinsichtlich des Verhältnisses der Form zum Wesen der Willenserklärungen und Verträge ist im Allgemeinen folgende.

Aus Verabsäumung der gesetzlichen vorgeschriebenen Form einer Handlung folgt die Nichtigkeit nur dann, wenn das Gesetz die Beobachtung der Form zur Gültigkeit der Handlung ausdrücklich erfordert, im zweifelhaften Falle (A. L. R. I. 3. §. 40. 41.) wird vermuthet, daß die Form nur zur mehreren Gewißheit und Beglaubigung vorgeschrieben, also nicht wesentlich sei. Die Form ist aber in jenem Falle so wesentlich, daß eine Convalescenz nicht eintritt (§. 43. 44. l. c.).

Stillschweigende Willens-Erklärungen haben mit den ausdrücklichen gleiche Kraft, wenn nicht die Gesetze eine ausdrückliche Erklärung als rechtsgültige Form des Geschäfts erfordern (§. 59.). Die Bestimmungen wegen der Wirkung des Stillschweigens und der vermutheten Willens-Erklärungen (§§. 63, 64. l. c.) berühren den Gegenstand, der vorliegt, nicht.

Haben die Gesetze keine bestimmte Form vorgeschrieben, so ist jede Willens-Erklärung gültig, wenn sie nur, gemäß der §§. 2. 3. 4. Tit. 4. Thl. I. A. L. R. frei, ernstlich, gewiß oder zuverlässig ist, welche letztere Ausdrücke tautologisch sind. Stillschweigende Erklärungen haben also dann mit den ausdrücklichen gleiche Kraft (§. 94.). Ist dagegen die Form gesetzlich ausdrücklich bestimmt, so folgt die Nichtigkeit der Willens-Erklärung aus der Verabsäumung der Form (§. 95.).

Die Vertragstheorie im Allgemeinen anlangend, so kann die Annahme eines Versprechens in der Regel durch stillschweigende Willens-Erklärung erfolgen (§. 81. T. 5. l. c.), dagegen ist die gesetzlich vorgeschriebene Form zur Gültigkeit des Vertrages erforderlich (§. 109.), es sei denn, daß das Gesetz nur eine Strafe auf die Nichtbeachtung der Form stellt. Diese Formen sind nun entweder solenne oder nicht solenne. Bei der speciellen Darlegung des Inhalts des A. L. R. weiter unten werden jene näher entwickelt werden. Zu bemerken ist hier, daß auf Grund unterschriebener Punktationen, welchen gleiche Kraft mit den förmlichen Kontrakten beigelegt ist (§. 120. l. c.), auf Erfüllung und Ergänzung nothwendiger Formen gedrungen werden kann (§. 121. ff.), freilich mit der Einschränkung, daß die Errichtung des Vertrages nicht schlechterdings an die richterliche Mitwirkung geknüpft ist.

Die Schrift ist, abgesehen von der autonomischen Abrede der Partheien, da stets zur Gültigkeit des Vertrags erforderlich, wo die Gesetze sie ausdrücklich vorschreiben. Die Vermuthung, welche §. 117. l. c. hinsichtlich der Bedeutung der Abrede der Partheien, den Vertrag schriftlich zu schließen, aufstellt, daß dies nicht blos des Beweises wegen, sondern Behufs der verbindlichen Kraft des Vertrags geschehen, eine Abweichung vom gemeinen Recht, muß um so mehr bei der gesetzlichen Anordnung eintreten, wie dies auch §. 109. l. c. ausspricht.

Mag es immer sein, daß die Redaktion des A. L. R. die schriftliche Form Behufs der Beförderung der Rechtsgewißheit durch Ausschließung jedes anderen als des Urkundenbeweises vorgeschrieben und zur rechtlichen Nothwendigkeit erhoben, wofür die unklare Auffassung des §. 10. Tit. 14. Thl. I. A. L. R. spricht, so ist doch nichtsdestoweniger hierdurch die schriftliche Form zu einem Essentiale erhoben, und man kann daher der weiteren Annahme Bornemanns Syst. 2. S. 252. 255. nicht beitreten, daß die Nichtbeobachtung der Form gleichgültig sei, wenn schon ein vorhergegangenes Faktum die Obligation begründe, oder der eingetretenen Erfüllung wegen, der Beweis der stattgefundenen Abrede unnöthig sei. Denn zunächst ist hier von den gesetzlichen Folgen unerlaubter und erlaubter Handlungen, also der Delicte, Quasidelicte, Quasicontracte und der Realcontracte nicht die Rede, wie denn auch der eigentliche Literalcontract (Wechsel u. s. f.) hier nicht in Betracht kommt, es handelt sich vielmehr ganz eigentlich von den Willens-Erklärungen im Allgemeinen und den Consensualverträgen. Bei diesen kann aber nicht zugegeben werden, daß die Form nur ein Beweismittel sei, wäre sie dies, so müßte auch ein Anerkenntniß im Proceß der mündlichen Abrede Kraft verleihen, wie dies nicht der Fall ist, und es müßte die Eidesdelation, welche volle Gewißheit verschafft, dieselbe Wirkung haben, wie dies schon Koch Obl. R. II. 147. und Arndts l. c. S. 141. richtig bemerkt haben.

Das versteht sich aber von selbst, daß wenn das Gesetz die Form nicht als Zeichen der Willensbestimmung (solennitatis causa), sondern nur als bloße Förmlichkeit zu mehrerer Beglaubigung und Gewißheit verordnet, die Form nicht essentiell ist. Man kann aber nicht wohl mit Koch die Vorschriften des §. 41. Tit. 3. Thl. I. A. L. R. und A. G. O. 2. 1. §. 11. auch auf schriftliche (nicht solenne) Verträge anwenden. Der §. 110. Tit. 5. Thl. I. A. L. R. bildet eine Ausnahme, und wenn Koch keinen Grund finden will, warum diese sich auf eine Thatsache beziehende Vermuthung bei Handlungen, welche Verträge sind, ausgeschlossen sein soll, ohne daß eine andere Regel gegeben worden, so ist doch nicht abzusehen, wie eine Vermuthung für Thatsachen auf rechtlich angeordnete Formbestimmungen zu übertragen sei, und warum es noch einer besonderen Regel bedürfen soll, da diese im §. 109. klar vorliegt, welchen Paragraph er durch Hinzufügung der Worte „wenn die Form als Ausdruck der Willensbestimmung und nicht blos zum Beweise dienen soll," willkürlich einschränkt, und der im §. 117. seinen nächsten Anhalt findet. Koch geräth mit sich selbst im Widerstreit, wenn er den richtigen Satz ausspricht, daß das A. L. R. den Grundsatz beobachtet, daß die schriftliche Form, wo sie vorgeschrieben ist, die Gültigkeit des Vertrags bedinge, und keineswegs blos des Beweises wegen zu beobachten, daß selbst eine Klage aus dem mündlichen Vertrage unzulässig sei (S. 149. a. a. O.).

Wo daher das Gesetz nicht ausdrücklich etwas Anderes bestimmt, ist die Schrift ein Essentiale, und zur verbindlichen Kraft der Willens-Erklärung unerläßlich. (Entsch. B. III. S. 116., Rechtssprüche 1. 120. 156.)

Wie die Schrift nach den Gesetzen gültig errichtet werde, und welche Urkunden den förmlichen von beiden Theilen vollzogenen gleichgestellt werden (namentlich Protokolle der Gerichte und Notare, Briefwechsel, Punktationen, unterschriebene Waaren- und Arbeits-Rechnungen u. s. w., ferner das schriftliche Anerkenntniß, der Vermerk in den kaufmännischen Büchern, die Auszüge der Mäkler-Journale), darüber ist hier lediglich auf das Gesetz selbst und dessen Kommentatoren (Bornem. II. 255., Koch Obl. R. S. 157. sq. II.) zu verweisen, da diese Fragen mit dem Zweck dieser Darstellung nicht zusammenhängen.

Das A. L. R. will die Verabredung der Partheien nach dem Inhalt des schriftlichen Vertrages beurtheilt wissen (§. 127. T. Thl. I.), auf vorgesetzte mündliche Nebenverabreden wird ohne Unterschied des Gegenstandes keine Rücksicht genommen. Diese Vorschrift bezieht sich aber nicht auf solche mündliche Abreden, welche die Anfechtung des Vertrages als rechtsungültig begründen. (Entsch. Bd. 10. S. 259. Pl. B. v. 31. Januar 1845). Das Präjudiz 1533 geht noch weiter, wenn die Anfechtung eines schriftlichen Vertrags dort zugelassen ist, wenn ein essentiale negotii mündlich anders verabredet als niedergeschrieben ist. Bezieht man die Vorschrift des §. 128. nur auf die im §. 129. bezeichneten accidentalia negotii (cf. Koch l. c. S. 161.) und läßt auch den Beweis des Inhalts der Urkunde (Bornem. II. 262) und wenn etwas unleserlich geschrieben oder undeutlich ausgedruckt worden, nach §. 130. unbedingt zu, ferner den Beweis des Irrthums bei der Niederschreibung und des Inhalts bei Verlust der Urkunde, so ist schon hiernach klar, daß die schriftliche Abfassung an sich nur geringe Garantie gewährt. Grade über den Inhalt der Urkunde, über die mündliche Abrede ist ja in der Regel Streit und dann entscheidet hiernach nicht die Schrift, sondern der Zeugenbeweis und Eid ist das Entscheidende, trotz der Schrift. Die Intention des Gesetzgebers, daß die schriftliche Form jeden anderen Beweis ausschließen solle, wird daher nicht erreicht. Suarez wollte sogar die causa debendi anderweit ergänzen lassen.

Das A. L. R. ordnet die Nothwendigkeit der Schrift an, 1) bei jedem Vertrage, dessen Gegenstand sich über 50 Thlr. beläuft (muß schriftlich erachtet werden) §. 131. l. c. 2) auch bei einseitigen Willens-Erklärungen bei Gegenständen über 50 Thlr. wenn sich die Folgen in die Zukunft erstrecken (§. 133. erforderlich, nothwendig.) 3) bei Entsagungen und Verzichtsleistungen (§. 134.), 4) bei Verträgen und Erklärungen über Grundgerechtigkeiten ingleichen über beständige persönliche Lasten und Pflichten und zwar ohne Unterschied des Gegenstandes (§. 135.), 5) bei terminlichen Leistungen, wenn die Zahl der Termine bestimmt ist, oder sämmtliche Termine 50 Thlr. übersteigen (§. 141.), 6) bei gewagten Geschäften von beiden Seiten ohne Unterschied der Summe und bei einseitig gewagten Geschäften, wenn das dagegen Versprochene, oder Gesetzte 50 Thlr. übersteigt (§§. 138. 139.), 7) wenn Konventionalstrafen 50 Thlr. übersteigen (§. 141.), 8) Beitrittserklärungen zu schriftlichen Verträgen.

Befreit von der schriftlichen Form sind 1) Miethe des gemeinen Gesindes (§. 137.), b) das Depositum (§. 144.) und receptum (§. 145.), c) Verträge über Meß- und Marktwaaren während der Messe und des Markts bei sofortiger Erfüllung oder Eintragung in die kaufmännischen Bücher (§. 149. 150.), d) Verlängerungen unter Umständen (§. 154.), e) einfache Aufhebung von Verträgen (§§. 384. 385. 386.), f) Darlehnsverträge (§. 727. Tit. 11. Thl. 1. A. L. R. außer dem Falle des §. 388.), g) die

Leihe nach §. 233. Tit. 21. Thl. 1. A. L. R., h) die Willens-Erklärungen und Verträge der Militairpersonen (K. K.-O. vom 2. Septbr. 1815).

Einflußlos ist der Mangel der schriftlichen Form bei Erfüllung des Vertrags über bewegliche Sachen von beiden Seiten, auch rücksichtlich der mündlichen Nebenabreden (§. 146. 147.), bei Handlungen schon bei einseitiger Erfüllung (§. 165.), eben so wenn der Vertrag über bewegliche Gegenstände außerhalb Landes geschlossen ist, und dort mündliche Verträge ohne Unterschied gelten.

Speciell ist bestimmt, daß bei Pacht- und Miethungen es nur auf den Betrag des einzelnen Zinses ankommt (§. 168. T. 21. l. c.), daß Assekuranz und Bodmereiverträge unter allen Umständen schriftliche Form erfordern (§. 2064. 2390. Tit. 8. Thl. II. A. L. R.), desgleichen Expromissionen und Bürgschaften (A. L. R. 1. 14. §. 400. 203.), Wechsel (D. W.-O. §§. 4. u. 96.), Assignationen, Cessionen, Verpfändung ausstehender Forderungen und das Mandat (A. L. R. 2. 8. 713. I. 16. §. 258. 268. 269. 299. Tit. 11. §. 394. §. 281. Tit. 20. B. v. 9. Dez. 1809 §. 1. §. 8. Tit. 13. Thl. 1. A. L. R.), ferner Dienstverträge (II. 5. §§. 177. 188. u. II. 8. §. 1450.), Zinsenstipulation (I. 11. §. 729.), Societätsverträge (I. 17. §. 170.), der Lehnskontrakt (I. 718. §. 83.), der Verlagskontrakt (I. 11. §. 998.), und alle Verträge über Immobilien (I. 5. §. 135. I. 10. §§. 15—17. I. 11. §. 1066. I. 21. §. 233.) (cf. Entsch. B. I. 366. III. 341. ff. VII. 31. u. 276.), daher auch Pachtvertrag über Landgüter (I. 21. §. 401. 2.), Einwilligung in die Verbesserungen des Nießbrauchers, Miethers und Pächters (I. 21. §. 124. 280.), die Verträge über die Befrachtung eines ganzen Schiffs (II. 8. 1620.), die Ertheilung der Procura (II. 8. §. 500.), die Bestellung eines Erbschatzes (II. 1. §. 281.), belohnende Schenkungen (§. 1173. T. 11. Thl. 1. A. L. R.).

Auf die Complicität dieser Bestimmungen, die Zweifel, welche bei den einzelnen Bestimmungen hervortreten, z. B. bei §. 133. Tit. 5. Thl. 1. A. L. R., und die hierbei aufgekommenen Controversen mag hier nur hingewiesen werden.

Es ergiebt sich aus diesem allgemeinen Ueberblick, daß abgesehen von den Realkontrakten fast das ganze Obligationen- und Sachenrecht von der Nothwendigkeit der schriftlichen Form beherrscht wird, da der Fall beiderseitiger Erfüllung bei bewegl. Sachen nur selten zu Rechtsstreiten führet, und die Verträge und Willenserklärungen über Immobilien stets der schriftlichen Form bedürfen; daß sonach das A. L. R. sehr tief in das Rechtsleben eingreift.

Die Theorie des A. L. R, steht nicht überall mit der älteren Gesetzgebung in Uebereinstimmung. Das Edikt v. 8. Febr. 1770, welches durch das Rescript vom 10. März 1781 und das Conclusum der G. C. v. 28. April 1788 und das Rescript v. 12. Mai 1788 zum Theil modificrt war, will die mündlichen Verabredungen überhaupt einschränken, und ordnet hart aber konsequent an, 1) daß Kauf-, Pacht- und Miethsverträge von Immobilien über 50 Thlr. Werth schriftlich errichtet werden sollen und keine andere Nebenabreden und Bedingungen verbindlich sein sollen, als die, welche entweder in der schriftlichen Urkunde ausgedrückt sind, oder aus der Natur des Contrakts und den schriftlich eingegangenen Bedingungen von selbst folgen. Im Sinne der Einleitung zum Edikt sind diese Abreden nicht blos wie §. 127. T. 5. Thl. 1. A. L. R. auf die accidentalia negotii zu beschränken.

2) Ist für Kauf-, Pacht- und Miethsverträge über 50 Thlr. über Mobilien, desgleichen alle übrigen Kontrakte, Verträge und Versprechungen über 50 Thlr. bewegliche oder unbewegliche körperliche Dinge oder Gerechtigkeiten betreffend, die schriftl. Abfassung angeordnet, widrigenfalls sie nicht für geschlossen erklärt und weder Klage noch Einwendungen verstattet werden, auch wenn

die Kontrahenten den Beweis durch Zeugen und Eidesdelation führen wollen, auch soll keine Nebenabrede und Bedingung vor, bei oder nach dem schriftlichen Vertrage gültig und verbindlich sein, in gleicher Weise wie ad 1. Ausgeschlossen sind nur depositum miserabile, receptum, Eintragung in kaufmännische Bücher über Handelsgeschäfte, beiderseitige Erfüllung der Verträge über Mobilien, Verträge im Ausland oder zwischen Ausländern allein, oder mit einem Inländer oder auch von Inländern über Immobilien geschlossen, die im Auslande liegen. Einseitige Erfüllung des Vertrags ändert nichts, sie begründet nur Vindicationsansprüche unter Maaßgabe, deren enge Grenzen die Rescripte vom 10. März 1781 und 12. Mai 1788 erweiterten. Dagegen ließ auch das Edikt über unleserliche, unverständliche Stellen, über Zeit und Ort, den Zeugenbeweis und den Eidesantrag zu, eben so den Beweis der Gefährdung, Zwangs, Betrugs, der Bezahlung und aller Einwendungen, welche nicht die Wirklichkeit und den Inhalt der eingegangenen Bedingungen des Vertrags betreffen, eben so der Wirklichkeit und des Inhalts eines verlorenen Instruments. Speciell ist für Transakte und Eheversprechungen schriftliche Form angeordnet. Ehestiftungen, Erbfolgeverträge, pacta successoria, Erbtheilungen und Vergleiche über gerichtlich anhängige Sachen bedürfen solenner Form. Das A. L. R. hat rücksichtlich der einseitigen Erfüllung aber abweichend eine eigene künstliche Theorie aufgestellt (§. 155. sq. Tit. 5. Thl. 1.) und sogar bei Erfüllung eines mündlichen Vertrags Entschädigungsansprüche und Interesseforderungen zugelassen (Pr. 693. 1645. zu §. 168. T. 5. Thl. 1.).

---

§. 6. Fortsetzung.

Es ist interessant, die Theorie von der Form der Willens-Erklärungen und Verträge durch die einzelnen Titel des A. L. R. speciell zu verfolgen. Die ersten 6 Titel des 1. Theils, abgesehen von den im Tit. 4. und Tit. 5. enthaltenen allgem. Bestimmungen, so wie Tit. 8. und 15. 19. 23. Thl. 1., so wie d. Einl. z. A. L. R., ergeben begreiflich hier keine Ausbeute. Sonst ist Folgendes spec. festgesetzt.

Tit. 7. Thl. 1. A. L. R. Ob die Besitzergreifung durch Anweisung (§. 66. l. c.) der schriftlichen Form bedürfe, ist nicht klar, dürfte aber zu verneinen sein, dagegen ist für die Erwerbung durch bloße Willenserklärung (§§. 70. 71.) und des Besitzes eines Untersagungsrechts ohne Zweifel die schriftliche Form bei Gegenständen über 50 Thlr. nothwendig (Entsch. B. 2. S. 260, B. 12. S. 201, Pl. B. 2574.).

Tit. 9. Dasselbe gilt wohl aber nicht von der ausdrücklichen Erlaubniß zum Beutemachen (§. 197.), da §. 133. T. 5. Thl. 1. A. L. R. hier keine Anwendung leidet und die Natur der Sache dagegen spricht.

Da bloße Bekanntmachungen auch in der Regel nicht der schriftlichen Form bedürfen, so wie Aufforderungen, so wird im Falle des §. 254. (Occupation einer Insel) es einer schriftlichen Erklärung nicht bedürfen, wohl aber die Erklärung der Nachbarn sich des Rechts bedienen zu wollen, der Vorschrift des §. 133. l. c. unterliegen (§. 255. T. 9.). Die Erklärung über Annahme oder Entsagung einer Erbschaft muß rechtsgültig geschehen (§. 389.), daher auch schriftlich (§. 392. welcher den §. 133. l. c. ausdrücklich anzieht). (cf. §. 398. 415.). Abgesehen von den

Fällen des §. 420. 421. 427., in welchen aus der gestio pro herede und Versäumniß der Fristen, Annahme der Erbschaft mit resp. ohne Vorbehalt gesetzlich fingirt wird, ist also die mündliche Form unzureichend.

Das Anerkenntniß eines Rechts zur Unterbrechung der Verjährung bedarf der schriftlichen und ausdrücklichen Form nicht (§. 562. Pl. B. 2294. abgesehen von dem Fall des §. 564.).

Zweifelhaft ist der Fall des §. 653. bei der Verjährung, worin ausdrückliche Erklärung bei unterlassener Ausübung einer servit. discontinua gefordert wird? da der §. 133. T. 5. Thl. 1. A. L. R. Anwendung finden dürfte, so wird man bei Gegenständen über 50 Thlr. schriftliche Form verlangen müssen, wie wenig angemessen auch die Bestimmung erscheinen möchte.

Tit. 10. Alle Willenserklärungen und Verträge über das Eigenthum von Grundstücken bedürfen ohne Unterschied des Objekts der schriftlichen Errichtung (§§. 15. 16. 17. T. 10.).

Tit. 11. 1) Kauf und Tausch. Hier gelten die allgemeinen Regeln des Tit. 5. §§. 2. 74. 75. 257. T. 11. Thl. 1. A. L. R. Doch wird bei der Uebergabe die Anweisung des Käufers auch mündlich geschehen können (§§. 129. 233.), da sogar unter Umständen eine stillschweigende Erklärung genügt (unbeschadet des Präj. 1064. S. d. Pr. S. 50.) und bei dem Kauf ad gustum wird die Erklärung des Käufers der schriftlichen Form nicht bedürfen (§. 335.).

2) Cession einer Schuldforderung, worüber schriftliche Urkunden vorhanden, muß allemal ohne Unterschied der Summe schriftlich erfolgen (§. 394.), also auch das Versprechen der Eviction für die Bonität (§. 427.), sonst wird die Höhe des Gegenstandes entscheiden. Die Bekanntmachung des §. 414. bedarf aber der schriftlichen Form nicht, wohl aber das Anerkenntniß des debitoris cessi (§. 412.), die Genehmigung des

Cedenten zur Stundung (§. 434.) der allgemeinen Regel nach (cf. Pr. 1945.). Die Acceptation kann stillschweigend geschehen (Arch. II. 228.).

3) Erbschaftskäufe müssen in der Regel bei Gegenständen über 50 Thlr. schriftlich geschlossen werden (cf. Gesetz vom 11. Juli 1845).

4) Lotterie. Das Loos vertritt die Stelle des schriftlichen Vertrags (§. 554.), die ausdrückliche Verlängerung des Ziehungstermins kann aber wohl mündlich geschehen, da es hier auf die Folgen der mora ankommt (§. 551.).

5) Das Einverständniß bei dem Loose (§. 571.) unterliegt der allgemeinen Regel.

6) Verkäufe künftiger Sachen. Da die Vorschrift (§. 583.) durch das Ges. v. 6. Juli 1845 aufgehoben ist, so gilt die allgemeine Regel des Tit 5. Dasselbe gilt

7) vom Altentheil (§. 603. T. 11.). Da hier von Immobilien die Rede ist, so ist die Schrift ohne Rücksicht auf das Objekt wesentlich.

8) Das Pactum de mutuando unterliegt der allgemeinen Regel (§§. 654. 658.). Das Darlehn selbst als Realkontrakt bedarf der schriftlichen Form nicht (§. 727. mit der Modifikation der §§. 729. 819.). Der Consens des Militairchefs erfordert ohne Rücksicht des Gegenstandes schriftliche Form (§§. 680. 700.). Kündigungen können natürlich auch mündlich erfolgen (§. 764.).

9) Verträge über Handlungen unterliegen der allgemeinen Regel (§. 877). Verlagsverträge bedürfen unbedingt der schriftlichen Form (§. 998. mit der Modifikation des §. 999. hinsichtlich des Honorars).

10) Verträge über Ausstattungen unterliegen der allgemeinen Regel (§§. 1047. 1048.).

11) Schenkungen beweglicher Sachen oder Summen mit Uebergabe können auch mündlich erfolgen, da die gerichtliche

Form nicht nöthig ist (§§. 1063. 1065.), wohl aber Schenkungen unbeweglicher Sachen, selbst wenn sie mit Uebergabe verbunden sind (§. 1066.). Die Acceptation kann, wie überhaupt bei Verträgen, auch mündlich erfolgen, selbst stillschweigend (§. 1058.). Der Widerruf einer Schenkung, wo er statthaft ist, scheint nicht an die schriftliche Form gebunden (§§. 1112. 1139. 1158. 1159. 1168.), denn §. 133. Tit. 5. Thl. 1. A. L. R. dürfte hier keine Anwendung leiden (Entsch. v. 26. Mai 1853 Lilienthal wider Wollschläger). Die Frage ist controvers (cf. Bornemann Syst. 3. 224.). Remuneratorische Schenkungen, die noch nicht erfüllt sind, bedürfen ohne Rücksicht auf den Gegenstand, wie es scheint, der schriftlichen Form (§. 1173.).

Tit. 12. Testamente bedürfen im Allgemeinen solenner Form (1. 12. §. 16. sq.). Außergerichtliche Verordnungen über Legate, gemäß (§. 161. sq.) der schriftlichen Form, das legatum heredi praesenti injunctum macht eine Ausnahme (§. 172.), eine fernere das testam. militar. (§. 192. sq.), so wie das testamentum pestis oder belli tempore conditum (§. 198. l. c.), ingleichen das zur See (§. 205.). Legate können mündlich widerrufen werden (§. 597.).

Bei Verlust des Testaments oder Codicills kann der Inhalt durch Beweis ermittelt werden, doch ist der Erfüllungseid ausgeschlossen. Ein Testament kann stillschweigend und ausdrücklich, also auch mündlich anerkannt werden (§. 611. sq.). Erbverträge bedürfen solenner Form (§. 621. sq.). Entsagungen müssen schriftlich geschehen, wenn nicht sogar solenne Form nöthig ist (§. 654. §. 133. T. 5.). Ob eine Entsagung einer Erbschaft unter 50 Thlr. mündlich gültig geschehen könne, scheint zweifelhaft, doch möchte §. 387. Tit. 16. Thl. 1. A. L. R. dafür sprechen.

Abtretung des Vermögens der Eltern an die Kinder bei Lebzeiten unterliegen der Regel (§. 656.).

Tit. 13. Der Vollmachtsvertrag im Verhältniß zu Dritten erfordert der schriftlichen Form (§§. 7. 8. 225. Pr. 1240.) nicht unter den Kontrahenten selbst, wenn das Mandat erfüllt ist (Pr. 1333. 2326. u. E. B. 7. S. 368. Pr. 1569. u. v. 4. Oktbr. 1847, 4. Sept. 1851 Nr. 1752.), außerdem ist natürlich über 50 Thlr. die schriftl. Form nöthig (§§. 7. 8. 11. Arch. B. 4. 309. Arch. 14. S. 324). Die Acceptation geschieht gültig auch mündlich (§. 11.). Die Ratihabition des Machtgebers kann auch mündlich geschehen (Pr. 2196.), doch ist dies controvers (cf. Koch. l. c.). §. 148. scheint dem entgegenzustehen, und dieser Paragraph nicht richtig ausgelegt, ein Unterschied zwischen Vollmacht und Geschäftsführung ohne Auftrag nicht begründet.

Desgleichen ist der Auftrag, einen geschlossenen Vertrag durch Namensunterschrift statt des Machthabers zu vollziehen, nur in schriftlicher Form gültig (Pr. 1602. 2077. E. v. 30. März 1849, Entsch. 18. 207. Pl. Beschl. v. 4. Dec. 1854), doch wohl nur bei Gegenständen über 50 Thlr.

Special-Vollmachten bedürfen der schriftlichen Form (§. 110.).

Die Konsequenzen der §§. 155. sq. T. 5. Thl. 1. A. L. R. treten auch hier ein, wenn keine gültige Ratihabition stattfand (§§. 148. 149.).

Der Widerruf des Auftrags kann mündlich (§. 160.) selbst stillschweigend geschehen (§. 185.).

Ratihabition der Negotior. gestio unterliegt der allgemeinen Regel (§. 239. E. B. 18. S. 207) salvo praejud. 2196.

Tit. 14. Das Depositum bedarf der Schrift nicht, welche auffallender Weise hier als bloßes Beweismittel angesehen wird, im Widerspruch mit der allgemeinen Regel (§. 110.). Ratihabition des Deponenten im Fall des §. 125. kann auch stillschweigend geschehen, bedarf also der Form der Schrift nicht. Der Verwalter bedarf im Fall des §. 126. (Aufnahme von Darlehnen) besonderer Vollmacht, ohne Zweifel der allgemeinen Regel nach bei Gegenständen über 50 Thlr. schriftlicher, eben so bei Verträgen über künftige Lieferungen und Prästationen (§. 131. T. 14. Thl. 1 A. L. R.).

Bürgschaften müssen ohne Unterschied des Objekts schriftlich errichtet werden, auch die Einwilligung in die Zahlung des Bürgen muß schriftlich erfolgen (§§. 203. 342.), mit Ausschluß der gültigen mündlichen Erklärung, daß auf Gefahr des Erklärenden Kredit gegeben werden könne, bei Objekten unter 50 Thlr. (§. 214.) eben so die Empfehlung (§§. 209. 213.).

Auftrag zum Kredit für eigene Rechnung unterliegt der allgemeinen Regel (§. 215.). Expromissione müssen unbedingt schriftlich geschehen. Das Präjud. 2581. (B. 29. S. 67. d. E.) kann für richtig nicht anerkannt werden, es steht im Conflikt mit §. 403. h. l. c. §§. 380. 381. 387. Tit. 16. Thl. 1. A. L. R. und der Natur der Sache.

Tit. 16. Ausdrückliche Verlängerungen von Zahlungsfristen (§. 70.) unterliegen der allgemeinen Regel, da sie einen Verzicht enthalten. Vorbehalte bei Quittungen auch unter 50 Thlr. müssen schriftlich geschehen (§§. 161. 162.).

Uebergabe an Zahlungsstatt unterliegt der allgemeinen Regel (§§. 231—237.).

Desgleichen Anweisungen (§. 233.). Die Annahme der Assignation muß gleichfalls schriftlich erfolgen, eine mündliche Anweisung unter 50 Thlr. braucht der Angewiesene nicht anzunehmen (§. 258.). Bei der Exnexuation des Schuldners (§. 262.) gilt die allgemeine Regel, falls nicht §. 267. eintritt.

Die Bekanntmachungen (§§. 268. ff. 280.) bedürfen der Schrift nicht.

Der Widerruf der Assignation (§§. 275. 276.) scheint mündlich gültig.

Die ausdrückliche Einräumung der Compensations-Befugniß unterliegt der allgemeinen Regel (§. 322.). Die

Einwilligung der Ehefrau im Falle des §. 339. bedarf solenner Form.

Erlaß und Verzicht unterliegen der Regel (§§. 381. 387.), die Acceptation kann stillschweigend und mündlich geschehen.

Vergleiche unterliegen der Regel (§. 405.), also müssen sie auch bei Immobilien stets schriftlich geschehen (§. 407.).

Der §. 413. ist nach dem Ges. vom 11. Juli 1845 aufgehoben.

Die Novation steht unter der Regel.

Tit. 17. Verträge, welche die Aufhebung der Gemeinschaft beschränken (§§. 75. 79. 80. 82.) unterliegen der Regel.

Der Gesellschaftsvertrag ist ohne Unterschied des Gegenstandes schriftlich zu errichten (§. 170.). Die in den §§. 256. 262. 281. 282. gebrauchte Bezeichnung, ausdrückliche Verabredung, bezieht sich nur auf den Gegensatz zur stillschweigenden Willenserklärung und weicht von der Regel des §. 170. nicht ab.

Die Bekanntmachung (Ankündigung) des Austritts (§. 291.) kann wie jede andere Bekanntmachung auch mündlich geschehen, da der §. 133. Tit. 5. Thl. 1. A. L. R. sich auf solche Erklärungen nicht bezieht. Dasselbe gilt von dem §. 308. l. c., der der ausdrücklichen Bekanntmachung an die Gläubiger gedenkt.

Bei Wiederherstellung verdunkelter Grenzen ist zwar auf die Urkunden ein vorzügliches Gewicht gelegt, aber sie können durch Zeugen erklärt, ergänzt, ersetzt werden (§§. 377. 378.) hier haben jene daher nur die Natur eines bevorzugten Beweismittels.

Tit. 18. Die Feststellung der Pertinenzqualität eines Lehns, selbst des nicht zu den Mobilien zu rechnenden, bedarf ausdrücklicher Erklärung (§§. 28. 30.) nicht im allgemeinen Gegensatz zur stillschweigenden Willenserklärung, denn das Lehn kann überhaupt ohne Unterschied des Gegenstandes sub poena nullitatis nur schriftlich errichtet werden (§. 83.). Lehnbriefe machen vollen Beweis (§. 100.). Der Vorbehalt der Rechte, ein bloßer Widerspruch (§. 141.), dürfte an sich auch mündlich geschehen können, da aber die Folgen dieser Willenserklärung sich in die Zukunft erstrecken, so scheint demnach gemäß §. 133. Tit. 5. l. c. ein schriftlicher Vorbehalt nöthig, wenn gleich die §§. 531. 595 nicht dafür sprechen. Die Consense der Lehnsherren und Agnaten (§. 202. sq. 313 sq. müssen schriftlich geschehen. Dasselbe gilt von den §§. 235. 243. 247., indem die gebrauchte Bezeichnung „ausdrücklich" nur den Gegensatz der stillschweigenden ausdrückt. Ebenso in den §§. 327. 332. 364. 397. 402. 403. 468. 513. 527. 529. 610. 629. 643. 646. 650. 655.

Die Successionsverträge unterliegen den Regeln von Erb- und Familienverträgen überhaupt (§. 384. 386.). Ueberhaupt ist beim Lehn alles Gewicht auf Urkunden, Lehns-Anwartschaftsbriefe (§§. 424. 455.) gelegt, es müssen sogar die Vorbehalte auf Vergütung für die Allodialerben ausdrücklich und schriftlich erfolgen. (§§. 530. 594.). Man wird daher auch bei den Bekanntmachungen in den §§. 185. 196. 211. 456. 530. dem Geist des Instituts nach schriftliche Form erfordern müssen, zumal es sich überall von Objecten über 50 Thlr. handeln wird.

Das Erbzinsverhältniß, das sich nur auf Immobilien bezieht, bedarf der schriftlichen Form (684.), nachdem die im §. 691. erforderte gerichtliche nach dem Ges. v. 22. Juli 1840 weggefallen ist. Alienationsconsense müssen ausdrücklich und schriftlich erklärt werden (§. 699.) und das wird auch in den §§. 709. 711. 753. welche nur von ausdrücklichen Einwilligungen sprechen, angenommen werden müssen, gemäß der Regel des §. 133. Tit. 5. Thl. 1. A. L. R. und da es sich von Immobilien handelt. Das Gleiche gilt von dem §. 17. Tit. 19.

Tit. 20. Zur Einräumung des Pfandrechts an einer beweglichen Sache, bedarf es keiner besonderen Form (§. 94.). Für diesen Fall wird daher auch die ausdrückliche Verabredung, daß die Gläubiger nicht auf Verkauf bringen können, mündlich geschehen können (§. 26.), natürlich bei Gegenständen unter 50 Thlrn. gemäß der allgemeinen Regel. Dasselbe gilt von den §§. 122. 127. 130. 141. 151. 181. 296.

Der Consens in eine Verpfändung muß, sobald die Forderung 50 Thlr. übersteigt, schriftlich geschehen (§. 65.).

Die Bekanntmachungen (§§. 137. 284. 288. 306. 342. 370. 376.), scheinen überall schriftlich geschehen zu müssen, zweifelhaft könnte es nur in den Fällen der §§. 284. 288. 342. sein, allein man darf nach den im Tit. 13. festgehaltenen Principien rücksichtlich der Verpflichtung des Dritten (§. 8. l. c. wohl annehmen, daß eine mündliche Bekanntmachung nicht genügt. Bei Verpfändungen beweglicher Sachen ohne Uebergabe bedarf es allemal der Schrift (§§. 273. 345. 348. 351. 355. 356—360. 361. 381.

Bei Immobilien ist die schriftliche Form unumgänglich (§§. 103. 137.).

Die Bekanntmachung der Einwendungen (§. 423.) kann jedoch mündlich geschehen, da es hier nur auf die Wissenschaft, den dolus, etwas rein Thatsächliches ankömmt. Das Vorkaufsrecht bei Mobilien erfordert selbstredend der schriftlichen Form, bei Mobilien in der Eigenschaft eines persönlichen Rechts (§. 572.), wird die Regel des §. 133. Tit. 5. Thl. 1. A. L. R. eintreten müssen. Der §. 583. ändert hierin nichts, und es wird auch hier nach Maaßgabe der Objecte schriftliche Erklärung nöthig sein. Die Bekanntmachungen §§. 604. 608. u. 620. müssen solenn geschehen (§§. 611. ff. 442.).

Die Aufforderung im §. 645. unterliegt derselben Regel.

§. 654. ist aufgehoben nach §. 2. n. 6. u. §. 4. Ges. v.

2. März 1850, es wird aber dort die schriftliche Form nöthig sein, wie §. 652., da es sich nicht von bloßen Thatsachen, sondern Willenserklärungen über Immobilien handelt.

Tit. 21. Nießbrauch. Der §. 44. (cf. 42.) setzt offenbar schriftliche Form voraus. Dagegen ist der ausdrückliche Widerspruch gegen eine Melioration (§. 63.) an eine schriftliche Form nicht gebunden, da der §. 133. Tit. 5. Thl. 1. A. L. R. keine Anwendung leiden dürfte. Der Consens zu Verbesserungen muß allemal ausdrücklich und schriftlich erfolgen, ohne Unterschied des Gegenstandes (§. 124.).

Erbpacht erfordert allemal, da es sich von Mobilien und Objecten unter 50 Thlrn. nicht handeln kann, der schriftlichen Form und das ist auch im §. 196 anzunehmen.

Desgleichen die Leihe und das Precarium bei Immobilien oder einem Recht (Gerechtigkeit), insofern nicht zu allen Zeiten die Rückforderung statthaft sein soll. Bei Mobilien wird es nach dem Gegenstand sich bestimmen, ob es der schriftlichen Form bedarf. Daß das Commodat als Realcontract einer besondern Form nicht unterliegt, versteht sich von selbst, der Commodatar ist dann aber bloßer Inhaber und erlangt nicht die Rechte, die das Gesetz dem Commodatar gewährt. Die bei der Interpretation des §. 233. vorhandene Controverse (cf. E. v. 6. Februar 1849 E. B. 17. S. 276.), berührt nicht die hier ventilirte Frage, sondern den rechtlichen Umfang des §. 233.

Die Anzeige des §. 242. kann natürlich mündlich geschehen, da es sich von Willenserklärungen hier nicht handelt. §. 244. unterliegt aber der allgemeinen Regel des Tit. 5.

Miethe und Pacht. Im Allgemeinen entscheiden die allgemeinen Regeln mit der Modifikation der §§. 268. 269. Bei Landgütern ist allemal schriftliche Form nöthig (§. 401.), selbst solenne (§. 404. ff.).

Die Bezeichnung „ausdrücklich“ §§. 271. 276. 277. 288.

314. 318. 320. 322. 366. 390. bezieht sich nicht auf die Form des Vertrags, sondern bildet den Gegensatz zu stillschweigenden Willenserklärungen.

§. 340. Die Anzeige, zurücktreten zu wollen, unterliegt an sich der allgemeinen Regel, da es eine Willenserklärung ist. Wer aufkündigt, erklärt seinen Willen, dessen Folgen in die Zukunft greifen (§. 133. Tit. 5. Thl. 1. A. L. R.), inzwischen bestimmt §. 348. das Gegentheil ausdrücklich, und es dürfte hieraus folgen, daß die Gesetzgebung den §. 133. in einem engeren Sinne aufgefaßt hat, weil sonst eine Inconsequenz angenommen werden müßte (cf. Pl. B. v. 6. März 1848 Pr. 1988.). §. 445. bezieht sich auf ein bloßes Factum, eben so §§. 480. 590. 623.), einer schriftlichen Form kann es bei dieser Anzeige nicht bedürfen, und man wird dieses auch §. 555. ex analog. des §. 348. annehmen müssen.

Die Verträge des §. 626. über zur Cultur ausgethane Güter und Grundstücke bedürfen allemal der schriftlichen Form (§. 626. mit der Modifikation des §. 627.).

Tit. 22. Servituten können, da es sich von Grundstücken handelt, nur durch schriftlichen Vertrag eingeräumt werden. Die §§. 100. 148. 207. ändern hierin nichts. Das „ausdrücklich" ist dort der Gegensatz stillschweigenden Willenserklärung. Der Consens des Grundherrn (§. 145.) erfordert die schriftliche Form, soweit er überhaupt noch nöthig erscheint, nicht aber die Anzeige des §. 258. l. c., welche sich nur auf eine Thatsache bezieht. Dasselbe gilt von der Anzeige im §. 16. Tit. 23. Verträge über Zwangs- und Banngerechtigkeiten könnten übrigens nur der schriftlichen Form unterliegen, ohne daß §. 33. darin etwas ändert, zumal §. 37. sogar die Erlaubniß anderswo zu mahlen schriftlich ertheilt wissen will.

Thl. II. Tit. 1—4. Die solenne Form prävalirt im Familienrecht.

Tit. 1. Solenne Form ist vorgeschrieben bei Ehegelöbnissen (§. 82. Tit. 1. sq. mit der Modifikation des §. 92., ferner §§. 198. sq. 209. 232. 272. 343. 356. 441. sqq. 824. 846. ff. 859. ff. Schriftliche Erklärungen sind erforderlich §§. 125. 281. 378. (cf. Pl. B. v. 22. März 1847 und Pr. 2568.). §. 587. und gemäß allgem. Regel, §. 551. also nur über 50 Thlr. (d. h. bei Weigerung die Ehe zu vollziehen, dem Erbschatz, dem Veräußerungsconsens der Ehefrau bei communio bonorum, Consens in Meliorationen, und in die Belegung von Illatencapitalien). Die Bezeichnung „ausdrücklich" bezieht sich nicht auf die schriftliche Form (§§. 109. 171. 172. 205. 208. 215. 220. 221. 251. 287. 330. 337. 373. 387. 494. 551. 562. 720., sondern den Gegensatz zur stillschweigenden Willenserklärung.

Tit. 2. Solenne Form ist vorgeschrieben §§. 43. 137. 597. 598., ferner 222. 227. 484. 431. 721. 751.

Schrift ist nöthig §. 308. (Ausstattungsversprechen,) divisio parentum inter liberos (§. 381.) Widerruf der Enterbung §. 415. Adoption §. 666.

Ausdrückliche Erklärung ist entweder der stillschweigenden gleichgestellt §§. 16. u. 218. (cf. Pr. 2558.) oder erstere nöthig. §§. 154. 230. 289. 438. 487. 505. 608.) was aber die Form selbst nicht bestimmt. Der mündlichen Form ist gedacht §. 290.). Formlos ist die Annahme von Pflegekindern, das Anerkenntniß des unehelichen Kindes (§. 654. E. 16. S. 149.).

Tit. 3. §. 24. bezieht sich die Bezeichnung „ausdrücklich" gleichfalls nur auf den Gegensatz zur stillschweigenden Willenserklärung.

Tit. 4. Solenne Form wird erfordert §§. 29. 46. 62. ff. 101. 236. (Familienstiftungen, Fideicommisse).

Stillschweigende Genehmigung des Staats zur Errichtung der vorlandrechtlichen Fideicommisse genügt zur Gültigkeit (§. 134.).

Ausdrücklich im Gegensatz zu stillschweigender Willenserklärung kommt vor §§. 165. 203. 226.

Tit. 5. Mündlicher Vertrag genügt bei Annahme des gemeinen Gesindes (§. 22.), wenn auch der Abschied schriftlich ertheilt werden muß (§. 171.). Dagegen bei Annahme von Hausofficianten (§. 177.), Erziehern (§. 188.) ist die schriftliche Errichtung des Vertrags nöthig, ohne daß die Grundsätze der §§. 869. sqq. Tit. 11. Thl. 1. A. L. R. von der Anwendung ausgeschlossen sind.

Im Tit. 6. sind Vorschriften die Form betreffend nicht gegeben, das „ausdrücklich" §§. 19. 53. 55. 94. 105. bezieht sich hierauf nicht, doch wird der Natur der Sache nach in der Regel schriftliche Erklärung der Beschlüsse nöthig sein, namentlich deutet §. 57. auf schriftliche Einladung zu den Versammlungen.

Das Gleiche ist von dem Tit. 7. zu sagen. Die §§. 28. 244. 426. entscheiden über die Nothwendigkeit schriftlicher Form nicht. Eine stillschweigende Willenserklärung ist genügend (§. 243.).

Schrift war nöthig §. 112. und ist zur Wirksamkeit bei Vorbehalten bei Diensten vorgeschrieben (§. 463.). Die allgemeinen Bestimmungen über die Bedeutung von Kauf- und Annahmebriefen, Dienstregistern, Urbarien (§§. 137. 143. sqq. 427. entscheiden gleichfalls nicht, da sie nur von der Beweiskraft derselben und der Quelle des Rechts handeln.

Reicher sind die Bestimmungen des Tit. 8.

In den ersten 7 Abschnitten ist die Schrift vorgeschrieben (§§. 15. 69. 154. 290. 422. 500. 533. 555. 617. 628. 647. d. i. Consens des Regimentschefs. Verpflichtung der eximirten Bürger, Erklärungen der Klassen, Lehrvertrag, Zeugniß, Procura, Consens zur Ausstellung von Wechseln, Societät,) mündliche Erklärung genügt. §§. 507. 710. und wohl auch bei Empfehlungen (§. 702. obwohl 1. T. 14. §§. 209. 213. Schrift erfordern) und Kündigungen (§. 668.).

Von der Bezeichnung „ausdrücklich" gilt das mehrfach Gesagte (§§. 51. 69. 478. 514. 520. 523. 545. 557. 623. 637. 638. 669. 685.).

Stillschweigende Willenserklärung genügt §. 657.

Daß die Handelsbücher die Stelle der schriftlichen Contracte vertreten, ist für diese Betrachtung unerheblich (§§. 597. 616.).

Der Wechsel, das Handelsbillet und die Assignation ist natürlich an die schriftliche Form gewiesen (cf. auch §§. 904. 948—950. 992—994. 1023. 1188. 1224. ff. 1238. 1244. Der Beisatz „ausdrücklich" bezieht sich nicht auf die Nothwendigkeit der Schrift (§§. 787. 789. 1013. 1237.), doch ist eine stillschweigende Acceptation anerkannt (§. 903.), wogegen die Acceptation einer kaufmännischen Assignation nur schriftlich genügt (§. 1289.).

Auch im Mäklerrecht ist die schriftliche Form entscheidend (§. 1359. sqq. cf. E. B. 1. S. 9. E. v. 4. März 1836.).

Dasselbe gilt von Rhedern, Schiffern und Befrachtern (§§. 1450. 1453. 1481. 1535. (Modifikation im §. 1538.), 1620. 1622. 1639. 1661. 1719. 1744.

Solenne Form tritt ein (§§. 1502. 1843. 1931.).

Die Nachrichtsertheilungen (§§. 1493. 1686. 1704. 1844.), werden naturgemäß schriftlich erfolgen müssen, mit Ausnahme der Fälle der §§. 1732. 1845.

Von der Bezeichnung „ausdrücklich" gilt auch hier das oft Gesagte (§§. 1522. 1590. 1666.), sie bestimmt nichts über die Nothwendigkeit der Schrift. Im Falle des §. 1590. scheint mündliche Form ausreichend.

Ebenso ist bei der Assekuranz und Bodmerei die Schrift als wesentliche Form festgestellt, wenn nicht eine solennere vorgeschrieben ist (so §. 1973. cf. Ges. v. 11. Juli 1845), 1977. 2260. 2322. cf. auch §§. 2064. 2302. 2354. 2390. 2408. ff.).

Auch bei den Benachrichtigungen (§§. 2014. 2042. ff. 2056. 2083. 2118. 2124. 2126. 2135. 2140. 2143. 2147. 2155. 2158. 2161. 2164. 2332. 2411.), wird naturgemäß in der Regel die schriftliche Form geboten sein.

Der Beisatz „ausdrücklich“ (§. 2017. 2054. 2035. 2101. 2152. 2192. 2208. 2228. 2295. 2399. 2425. ist auch hier gleichgültig für den in Frage stehenden Gegenstand.

Tit. 9. enthält nichts Bezügliches nur §. 19. bezieht sich auf ein auch stillschweigendes Anerkenntniß des Adels durch den Staat.

Tit. 10. erfordert nur §. 35 sqq. schriftliche Alienations-Consense und §. 144. schriftliche Vota der Dessentirenden. Die Bezeichnung „ausdrücklich“ (§. 27. 64. 133.) ist einflußlos.

Tit. 11. Dasselbe gilt im Tit. 11., rücksichtlich der §§. 41. 166. 194. 219. 466. 580. 610. 795. 892. 933. 1098. 1137. 1156., welche nur den Gegensatz der stillschweigenden Willenserklärung betreffen.

Nothwendig ist die Schrift bei der Vocation (§§. 374. 375.), dem Consens zur Errichtung von Parochialhandlungen durch einen andern Pfarrer und selbstredend bei Prozeßvollmachten (§. 658.).

Die Wahl eines Begräbnißorts kann stillschweigend und mündlich geschehen (§. 457.).

Tit. 12. erwähnt nur der schriftlichen Schul- und Universitätszeugnisse (§§. 64. 128.).

Der 13. Titel enthält nichts Bezügliches.

Der Tit. 14. spricht nur von ausdrücklichen und stillschweigenden Steuerbefreiungen und die Bezeichnung „ausdrücklich“ §§. 13. 57. 72. ist auch hier ohne Bezug auf die Schrift. Dasselbe gilt von den §§. 220. 245. Tit. 15., während selbstredend der Empfang von Geldern 2c. Seitens der Postanstalten schriftlich bescheinigt werden muß (§. 171.).

Nach Tit. 16. §. 12. kann ein Grundstück stillschweigend also formlos derelinquirt werden.

Im Bergrecht erscheint schriftl. Form geboten (§. 141.), rücksichtlich der Schurfscheine, der Muthungen (§§. 155. sqq. 164.), der Beleichung §. 169. ff. der Abtretung der Kuxe §. 260. der Gewährscheine §. 263. ohne Zweifel auch zur Erklärung über die Ausübung des Rechts auf dem Mitbau zur Hälfte (§§. 125. 126.). Es erscheint dies eine nothwendige Consequenz der Gleichstellung des Bergeigenthums mit dem Eigenthum an Grundstücken. Rücksichtlich der Bezeichnung „ausdrücklich" §§. 107. 124. 148. 224. 323. 324. 381. gilt das oft Gesagte, eben so

Tit. 17. §§. 52. 124. 145.

Tit. 18. Das Vormundschaftsrecht erfordert die schriftliche Form, bei der Verpflichtung des Vormundes, der Bestallung, dem Verbot der Siegelung, dem Nachlaßverzeichniß, Verbot der gerichtl. Inventur, dem Major.-Zeugniß (§§. 214. 222. 373. 383. 396. 705. und §. 458.), solenne Form für die Anordnung der befreiten Vormundschaft (§. 682.). Die Ernennung eines Vormundes oder Curators durch die Eltern oder einen dritten Schenker kann auch mündlich geschehen (§. 177. sqq.).

Von der Bezeichnung „ausdrücklich" in den §§. 89. 157. 158. 250. 371. 494. 499. 501. 525. 542. 625. 644. 692. 698. 718. 979. gilt das bereits vielfach bemerkte.

Eine stillschweigende Willenserklärung genügt §§. 70. 593. 961., also auch eine formlose. Dies gilt auch von den §§. 38. 42. des 19. Titels. Dieser enth7lt rücksichtlich der Nothwendigkeit der Schrift überhaupt nichts, das „ausdrücklich" §. 11. ist, wie gesagt, bedeutungslos. Nur rücksichtlich des Erbrechts der Armenanstalten bedarf es schriftlicher Eröffnungen (§. 60. ff.

Bevor wir die Resultate aus dieser speciellen Uebersicht

der detaillirten Vorschriften des A. L. R. über die Form der Willenserklärungen ziehen, dürfte zur Interpretation des §. 133. T. 5. Thl. 1. A. L. R. noch Folgendes zu bemerken sein. In diesem Paragraph ist an Entsagungen und an einseitige Willenserklärungen gedacht, wodurch weder etwas versprochen noch eine Verbindlichkeit erlassen wird, so z. B. die Consense der Lehnsherren, der Eltern in die Verheirathung der Kinder, die Entlassung der Kinder aus der väterlichen Gewalt, insofern die Folgen sich in die Zukunft erstrecken (cf. Ges. Rev.-Pensum 14.). Er ist an sich dunkel, rücksichtlich der Bedeutung des Wortes Zukunft. Auch Aufkündigungen greifen in die Zukunft über, und können dennoch mündlich geschehen und man wird daher wohl nach den von den Gesetzredactoren gebrauchten, bereits bemerkten Beispielen an eine Ferne und unbestimmte Zukunft denken müssen.

Koch faßt den Paragraph enger. Es sollen die Verträge gemeint sein, welche den Grund der Verbindlichkeit (causa obligationis) ganz allein in dem Versprechen haben und die anderen Theils zu keiner Art von Gegenleistung verpflichten, allein der §. 133. greift weiter.

Widersprüche, Vorbehalte, (Protestationen, Reservationen,) Benachrichtigungen, Aufforderungen, Kündigungen werden, abgesehen von speciellen Bestimmungen der Regel nach, nicht unter die Vorschrift des §. 133. fallen, wenn gleich nach §. 466. Tit. 14., im Hypotheken- und Wechselrecht (Abschn. 8. Tit. 8. Thl. II. und §. 603. Tit. 20., so wie §. 663. Tit. 9. Thl. 1, A. L. R. theils gerichtliche, theils schriftliche Form vorgeschrieben ist.

Pr. 842. 2029. E. B. 16. S. 509. B. 18. S. 207.

§. 7. Resultate.

Die vorstehende Uebersicht ergiebt, daß im öffentlichen, dem Familien- und Erbrecht, vorzüglich solenne Formen, im Wechsel-, See- und Handelsrecht überhaupt und in allen Rechtsverhältnissen, Immobilien betreffend, die schriftl. Form vorherrscht, daß jedenfalls im gesammten Sach- und Vertragsrecht der Schrift eine sehr wesentliche Bedeutung verliehen worden, daß aber ferner die getroffenen Bestimmungen nicht selten unklar und zweifelhaft sind, und daß der Kasuistik auch hier ein großes Feld eingeräumt worden, daß es für den Laien zumal schwer ist zu wissen und zu ermessen, ob er sich bei seinen Rechtsakten, Erklärungen und Verträgen der schriftlichen Form bedienen müsse. Sind doch die Gerichtshöfe und selbst das Ober-Tribunal hierin keineswegs einstimmig und konsequent in ihren Ansichten geblieben.

Aus der Praxis des Ober-Tribunals mag erwähnt werden, daß sichtbar dieselbe sich zur Anerkennung mündlicher Formen der Willenserklärungen und Verträge neigt. So ist angenommen, daß Immobilien auch mündlich gegen das Versprechen der Ehelichung gültig versprochen werden können (Pr. 1631. Pl. B. v. 7. Nov. 1845, E. B. 12. S. 31.), freilich mit der Restriction in dem Erk. v. 8. Dec. 1851, Arch. B. 3. S. 362 (eine Ansicht, mit der sich der Verfasser nicht vereinigen kann), ferner, daß schriftliche Verträge durch einen jüngeren mündlichen, aber erfüllten Vertrag gültig aufgehoben werden können (Arch. B. 9. S. 203, Erk. v. 26. Mai 1833), es ist ferner die Bedeutung der §§. 127 — 129. T. 5. Thl. 1. A. L. R. durch den Pl. B.

vom 31. Jan. 1845 (E. B. 10. S. 259, und das Erk. vom 17. Juni 1852, Arch. B. 9. S. 284, cf. Präj. 1523. u. 1533.) ungemein beschränkt worden. Mündlich erfüllte Verträge über 50 Thlr. sind für rechtsgültig angesehen (Pr. 1853. [19. Febr. 1847] E. B. 15. S. 83, Arch. II. 45. E. v. 8. März 1851). Der Consens des Ehemanns in die Schuld der Ehefrau bedarf nicht unbedingt der schriftlichen Form, auch bei Gegenständen über 50 Thlr. Werth (Pl. B. v. 1. März 1847, Pr. 1842,). Die Einwendungen des Miethers und Pächters zur Ueberlassung in Aftermiethe und Pacht bedürfen nicht der schriftlichen Form (E. B. 16, 509. Pr. S. 125. Nr. 2029. B. 28. S. 102). Die Hingabe und Annahme von Wechseln an Zahlungsstatt kann mündlich erfolgen (Arch. B. 3, S. 86). Im Falle des §. 843. Tit. 11. Thl. 1. A. L. R. genügt mündlicher Vorbehalt (Pr. 2584. E. B. 29. S. 13). Bei der Expromission soll sogar eine stillschweigende und mündliche Einwilligung des Gläubigers genügen! (Pr. 2581. B. 29. S. 66).

Daß die positiv geschaffene und künstliche Theorie des Preuß. Rechts nicht in das Volksbewußtsein eintreten konnte, wie Koch mit Recht heraushebt, lag in der Natur der Sache. Sind doch selbst die Rechtsverständigen nicht sicher und Herrn der Form, weil diese dem Wesen der Sache nicht entspricht.

Es ist allerdings begründet, daß das gesammte Handelsrecht der schriftlichen Form sich bedient und nicht entübrigen kann, und es ist hier eine Aenderung so wenig gefordert als zulässig. Eben so ist im Staats-, Familien- und Erbrecht die solenne Rechtsform an der Stelle und eine Formlosigkeit wird hier Niemand substituiren wollen. Eben so erscheint es unumgänglich, um Sicherheit im Hypothekenwesen herbeizuführen, den Realkredit zu heben, alle Rechtsakte, welche Grundeigenthum und was dem gleich steht, an eine solenne Form zu knüpfen, worüber schon an einem anderen Orte Rede gewesen ist. Grundsätzlich müßten aber alle andern Willenserklärungen und Verträge auch über 50 Thlr. formlos gültig sein. Bei einzelnen Verträgen, z. B. der Schenkung, würde eine solenne Form sicherer und angemessener erscheinen, wenn gleich nicht ohne Noth die Rechtsgeschäfte durch formelle Erschwerungen gehindert werden mögen, so daß auch hierbei dem Gesetzgeber sorgfältige Abwägung aller Umstände zur Pflicht wird.

Die Uebelstände der preuß. Gesetzgebung sind schon längst und vielfach erkannt worden, es muß aber auffallen, auf welchem Wege man denselben abhelfen zu können vermeint hat. Arndt bemerkt zwar mit Recht, daß die Theorie des A. L. R. strenger sei, als die Römische Stipulationslehre, er tadelt die schriftliche Form als beschwerlich, oft nicht erreichbar, gegen alles Rechtsgefühl verstoßend und in das Volksbewußtsein nicht eingedrungen, daß namentlich der Redliche betrogen und auf ungewisse Entschädigung, bei eigener redlicher Erfüllung seiner Verbindlichkeiten, verwiesen werde, zumal sich nicht immer übersehen lasse, ob ein Gegenstand von 50 Thlrn. oder darüber vorliege. Er will daher Aufhebung der allgemeinen Grundsätze, Beschränkung derselben auf gewisse Verträge, ein Ausweg, der für das gewöhnliche Sachen- und Obligationenrecht wenigstens nicht principiell zu begründen ist, und Anhänger der franz. Theorie, will er die Statthaftigkeit des Beweises durch schriftliche Abfassung bedingt wissen, also der Schrift, abgesehen vom Eingeständniß, doch eine wesentliche, wenn gleich mehr indirekte, Wirkung einräumen. Er schließt den Zeugenbeweis aus, oder er will außer gerichtlichen Zugeständnissen keinen anderen Beweis als durch die schriftliche Urkunde verstatten, allenfalls auch die Eidesdelation wegfallen lassen, indem er in der l. 18. C. d. test. l. 14. de contr. stip. und der Novelle 73. Stützen für seine Ansicht sucht, wenn gleich auch Nov. 74. die Bedenklichkeiten des Urkundenbeweises darlegt.

Auch Koch, der die landrechtlichen Bestimmungen über die Form der Verträge ziemlich stark unvollständig, unklar über den Zweck der Form, inkonsequent, den gesellschaftlichen Verkehr lähmend findet, der mit Recht als prakt. Konsequenzen, zwecklose kostspielige Prozesse, Beschädigung ehrlicher Personen, Begünstigung des Treubruchs beklagt, und geradehin diese Vorschriften als unsittlich angreift, will zwar mit Recht die schriftliche Form auf die Natur eines Beweismittels zurückführen (Obl. R. II. 195.), aber auch er sieht in den Bestimmungen des franz. Rechts dem A. 1341. d. C. in der Zulassung des gerichtlichen Zugeständnisses (von der Eidesdelation schweigt er), und darin ein Heilmittel, daß bei gänzlicher oder theilweiser Erfüllung mündlich geschlossene Verträge wie Realkontrakte behandelt werden sollen. Erwägt man die oben erwähnten Bedenken gegen die Theorie des franz. Rechts, daß gar kein Grund vorhanden ist, neben der Autonomie der Partheien von vorn herein und ganz unbedingt einer Art der Beweisführung den Vorzug einzuräumen, da doch der Richter im einzelnen Falle am besten die Kraft und Wirkung der Beweise zu ermessen hat, so sieht man in der That nicht ein, warum die willkürliche und zweifelhafte Theorie der franz. Gesetzgebung auch hier, wie in dem Kriminalrechte, wo sie keinenfalls überall glücklich benutzt werden, als Panacee empfohlen werden soll. Die einfache Lösung scheint darin zu liegen, daß die schriftliche Form als eine gesetzliche Bedingung der Gültigkeit der Willenserklärungen und Verträge im gesammten Privatrecht, mit Ausschluß des See- und Handelsrechts, aufgehoben werde, und dagegen für gesetzlich festgestellte einzelne Willenserklärungen und Verträge, solenne Rechtsakte für wesentlich erachtet werden, so namentlich a) bei allen betreffend das Grundeigenthum und die dinglichen Rechte am Grundeigenthum, inclusive der Pachtverträge, b) bei Schenkungen, Testamenten, Erbverträgen, Erbschaftsentsagung, Vollmacht (§. 571. T. 12. Thl. 1. A.

L. R. und §. 2. Ges. v. 11. Juli 1845), Capitalisirung von Zinsrückständen, Bürgschaften, Expromissionen und Intercessionen der Ehefrauen und Frauenspersonen überhaupt, Verträgen zwischen Mann und Frau, Gütergemeinschaftsverträgen, Verträgen mit Blinden und Taubstummen, bei Verträgen zwischen Eltern und Kindern zur Verkürzung des Pflichttheils, Einkindschaftsverträgen, Familienstiftungen und Fideikommissen, Antichresen, der Emancipation, Adoptionsverträgen, Eheverträgen zur linken Hand, Vergleichen über künftige Alimente, Erbschaftskäufen und Verträgen über künftige Verjährung. Hierbei dürfte nur näher zu erwägen sein, ob und inwieweit die notarielle Form genügte.

Bornemann in s. Syst. II. 249. 51. billigt zwar die Theorie des A. L. R. Sie soll ihren Grund haben 1) in Betrügereien, wobei unüberlegte und scherzweise abgegebene Erklärungen gemißbraucht werden, 2) in der Weitläuftigkeit der durch die Mündlichkeit veranlaßten Prozesse, 3) der Nothwendigkeit auf den Eid zu rekurriren und 4) daß nicht nach der wirklichen, sondern nach einer durch Zeugen und Richter gemachten Verabredung erkannt werde, falls die Schrift fehle. Alle diese Bedenken walten aber eben so stark und vielleicht noch stärker bei der L. R. Theorie ob, und werden durch diese keinenfalls beseitigt. Von dem Beweis der Abrede und der Ehrlichkeit der Kontrahenten, von Treue und Wahrheitsliebe hängt hier wie dort die Entscheidung ab; die Praxis langer Zeit bezeugt es, daß die schriftliche Form keine bestimmte Garantie gewährt, gemißbraucht wird, und die Schrift eben so wenig das wahre Sachverhältniß erscheinen läßt.

Sehr wahr bemerkt Beseler, daß das L. R. sich einen eigenen vom gemeinen Recht abweichenden Formalismus geschaffen. Mittermaier (D. R. II. 19.), daß die nicht selten gefühlten Nachtheile der Ansicht, daß jeder formlos, auch mündlich geschlossene Vertrag klagbar sein soll, und das System der Bevormundung die schriftliche Errichtung der Verträge nach Landesgesetzen abweichend vom gemeinen Recht veranlaßt, er tadelt die Unzweckmäßigkeit der Bestimmung, daß aus einem mündlichen unerfüllten Vertrage keine Klage statthaben solle, wie er denn andererseits auch die Unzweckmäßigkeit der Ausschließung des Zeugenbeweises (Arch. B. 5. S. 97) mit Recht gegen den Code und das Badische Landrecht heraushebt.

Gerber findet mit Grund in der Vorschrift der neueren Gesetze, welche die Klagbarkeit der Verträge an eine schriftliche Aufzeichnung binden nicht ein Zurückgehen auf den formellen Standpunkt des Röm. Rechts, sondern eine rein äußerliche Erschwerung der Perfektion des Vertrages aus wesentlich unjuristischen Beweggründen, aus Zweckmäßigkeitsgründen. Diese praktische Zweckmäßigkeit ist aber vollständig zu läugnen, und es kann der Gesetzgebung nur dringend anheim gegeben werden, durch eine kurze Novelle in dieser wichtigen Lehre eine sichere und praktische Abhülfe zu gewähren. Man vertraue der Autonomie der Privatpersonen im Privatrecht, und kehre im Wesentlichen zum gemeinen Recht zurück, und beschränke dies nur, wo das Bedürfniß klar vorliegt, durch Vorzeichnung solenner Formen. Die Vortheile der röm. Stipulation werden durch die Vorschriften des A. L. R. nicht erreicht, sie befördern weder einen leichten und sicheren Beweis, noch sichere Unterscheidung des vollendeten Entschlusses des wahren Vertrags von der bloßen Vorbereitung desselben, noch den wünschenswerthen Zustand der Besonnenheit der Partheien, stehen außer der lebendigen Sitte und dem Bewußtsein des Volkes (Savigny Obl. R. II. 249.) und lassen die Folgen der fehlenden Form nicht bestimmt und fest erscheinen. Sie sind harte, willkürliche, unkonsequente, dunkele Festsetzungen, künstliche Erzeugnisse grauer Theorie.

Anmerkung. Auch das englische Recht ist nicht soweit, als das A. L. R. trotz des englischen Formalismus und der starren Festhaltung überlebter Formen, gegangen.

Es kennt solenne Urkunden (deeds indentures) bei Immobilien, von denen Blackstone (Comm. II. 295. Ed. 15. 1809.) sagt, sie seien: the most solenn and authentiques acts, that a man cann possibly perform, with relation to the disposal of his property and therefore a man shall allways be estopped, by his own deed, and not permitted to aver or prove any thing in contradiction to what he has once solennely and deliberately avowed. cf. Stat. 29. Carl. II. c. 3.

Bei chattels oder things personals sind die gifts, grants, contracts mündlich gültig (441. ib.). Bei Kauf und Tausch von Gegenständen über 10 Thlr. und mehr ist der Vertrag nur gültig, wenn der Erwerber entweder einen Theil der erkauften Güter wirklich erhält, oder Angeld oder einen Theil des Kaufgeldes zahlt, oder wenn ein schriftlicher Vertrag geschlossen ist, und unter 10 Thlrn., wenn die Güter binnen Jahresfrist ausgeantwortet sind, oder bei schriftlicher Vollziehung (mit Ausnahmen S. 447).

Außerdem sind die Verträge, namentlich bailment. hiring and borrowing und of debts, covenants, promises, nicht nothwendig schriftlich zu errichten, die mündliche Form genügt, jedoch mit der Restriktion des Statuts, daß die Erfüllung binnen Jahresfrist geschehen solle. Außerdem macht das Statut noch in vier Fällen hiervon eine Ausnahme, die wieder mannigfach beschränkt ist, wie die Praxis ergiebt. Nach gesundem Verstande und richtiger Gesetzverständniß (natural raison and just. construction of laws) werden zahlreiche Ausnahmen begründet.

Durch Erfüllung bei Kauf ohne Verabredung des Preises durch den Käufer, der cond. indebiti, sine causa, ob causam datorum, der versio in rem, unter Kaufleuten aus dem Schluß der Bilance, Ansprüchen aus der Verwaltung eines Amts und Anstellung, dem Receptum, der Beschädigung u. s. w. (ib. 464. 465. III. 154. sqq.).

Pfandverschreibungen, billets of exchange and promissory notes bottomry (respondentia) Policïes of insurance and annuities upon lives sind natürlich ausgenommen.

Von Beschränkung der Beweismittel ist nicht die Rede.

Gedruckt bei Julius Sittenfeld in Berlin.

FSC
www.fsc.org
MIX
Papier | Fördert gute Waldnutzung
FSC® C083411

Kolibri 360 GmbH
Ferdinand-Jühlke-Straße 7
99095 Erfurt, Deutschland
produktsicherheit@kolibri360.de